글씨가 날개가 되어 날아오른 서예가 성정자

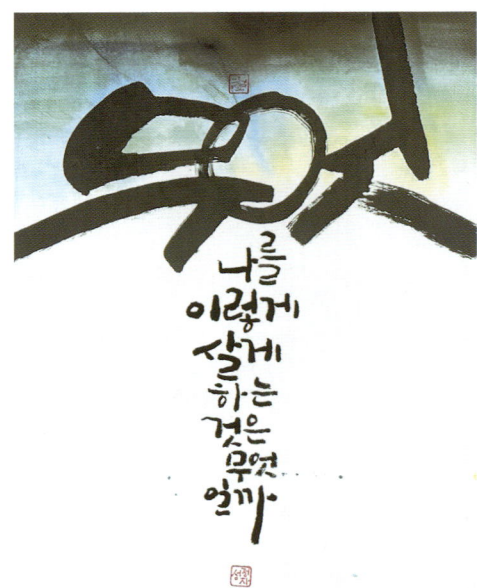
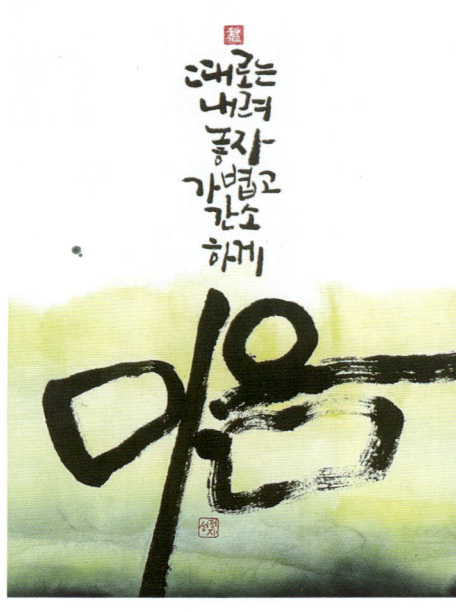

?

?

누구 시리즈

 문학적 초상화 프로젝트

## 2025년 <누구?!시리즈10>을 발간하며

궁금증이 감탄으로 변하게 하는 이야기를 담은 작은 인문학도서 <누구?!시리즈>를 기획하게 되었다. 인문학이란 사람의 이야기를 기본으로 하는데 그 삶에서 장애는 비장애인들이 경험하지 못한 특별한 이야기여서 사람들에게 감동을 준다.

특히 장애인예술은 장애예술인의 삶 속에서 녹아 나온 창작이라서 장애예술인 이야기를 책으로 만드는 <누구?!시리즈>는 꼭 필요한 작업이다. 이 책은 장애예술인의 활동을 알리는 소중한 자료가 될 것이기에 <누구?!시리즈> 100권 발간 목표를 세웠다. 의문과 감탄을 동시에 나타내는 기호 인테러뱅(interrobang)이 <누구?!시리즈>를 통해 새로운 감성으로 확산될 것으로 믿는다.

<누구?!시리즈 100>이 완간되면 한국을 빛내는 장애예술인 100인이 탄생하여 장애인예술의 진가를 인정받게 될 것이며, 100인의 장애예술인을 해외에 소개하면 한국장애인예술의 우수성이 K-컬처의 새로운 화두가 될 것이다.

_ (사)한국장애예술인협회

### 누구❗시리즈 39

글씨가 날개가 되어 날아오른 서예가 성정자
성정자 지음

**초판1쇄 발행** 2025년 11월 20일

**지은이** 성정자
**펴낸이** 석창우
**펴낸곳** 한국장애예술인협회(KDAA)
**등 록** 2025년 5월 7일
**주 소** 서울시 금천구 서부샛길 606, 대성지식산업센터 B동 2506-2호
**전 화** (02)861-8848
**팩 스** (02)861-8849
**홈주소** www.emiji.net
**이메일** klah1990@daum.net

값 12,000원

ISBN 979-11-993059-0-8 03810

주최 (사)한국장애예술인협회
후원 문화체육관광부  한국장애인문화예술원

누구 ! 시리즈 39

# 글씨가 날개가 되어
# 날아오른 서예가 성정자

성정자 지음

### 장애가 장애로서 존재하지 않는 세상을 위하여

내 인생의 궤적을 읽어 주실 많은 분에게 하고 싶은 말이 있다.
不亦樂乎! 내가 좋아하는 말이다. 고단하고 지치고 힘든 인생에서
윤슬처럼 빛나는 순간을 만끽하는 일, 이 또한 기쁘지 아니한가.

도서출판 **KDAA**

여는 글

## 不亦樂乎, 이 또한 기쁘지 아니한가!

  글씨를 쓰는 예술, 그것이 서예다. 붓과 먹과 한지 위에 단순히 글씨를 쓰는 행위에서 그쳤다면 그걸 예술이라 부르지 않았을 것이다. 또한 누군가에게 보여 주는 걸로 만족했다면 수양 과정이라 여기지도 않았을 것이다.
  우리는 흔히 남의 눈에 내 모습이 어떻게 보일까에 신경을 쓴다. 그래서인지 남의 시선에서 자유롭지 못할 때가 많다. 외모지상주의가 만든 폐단일지도 모른다. 하지만 길고 긴 인생의 마라톤에서 타인의 눈은 그다지 중요하지 않다. 그뿐만 아니라 결국 인생을 살아 내는 건 타인과의 경쟁이나 시선이 아니라 나 자신과의 지독한 싸움일지 모른다.
  종이 위에 펼쳐지고 표현된 먹글씨에서 마음과 생각 속에 떠도는 굳셈과 부드러움, 욕심과 게으름, 즐거움을 하나씩 드러내는 동안 나 자신을 가만히 들여다보게 된다. 수양의 시간이고 정돈의 시간이다. 인생도 별반 다르지 않다. 서예를 하는 행위와 많이 닮아 있다.

서예는 내게 운명처럼 다가왔고 꿈을 향해 날아오르는데 마중물 역할을 했다. 그래서 장애라는 족쇄에서 빠져나올 수 있었고, 또 다른 꿈을 향해서 부단히 꿈틀거리게 했으며 비상(飛翔)할 수 있었다. 나조차도 미처 깨닫지 못했다. '성정자'라는 사람 안에 그토록 뜨거운 열정과 끈기와 투지가 있었는지. 서른 이후 나는 많은 것에 도전했고, 대부분은 이루어졌다. 서예가 성정자, 휠체어 파크골프 선수 성정자, 심의위원 성정자, 다수의 자격증 보유자 성정자… 쉽지 않은 여정이어서 좌절도 했고 주저앉기도 했지만 내 도전의 끝은 한계가 없었다.

글씨를 쓰고 또 쓰는 동안 빛과 같은 찰나의 순간을 체험한다. 작품을 탄생시키는 일은 늘 그렇다. 어느 순간 작품이 마음에 들면 스스로 웃음이 지어졌고 내가 만족한 글씨에 또 다른 사람이 공감해 주면 세상을 다 얻은 듯 행복하다. 그 기쁨은 천금을 주고 살 수 없는 기쁨이다. 어디 서예뿐이랴. 휠체어 파크골프 선수로서도 최고의 희열을 만끽했그, 자격증을 취득할 때마다 보람을 느꼈다.

내가 살아온 인생의 궤적을 한 번쯤 되돌아보는 동시에 다시금 신발 끈을 단단히 조이기 위해 '누구시리즈'에 도전했다. 내 인생의 궤적을 읽어 주실 많은 분에게 하고 싶은 말이 있다.

不亦樂乎, 내가 좋아하는 말이다. 고단하고 지치고 힘든 인생에서 윤슬처럼 빛나는 순간을 만끽하는 일, 이 또한 기쁘지 아니한가.

2025년 날아오르기를 꿈꾸는
성정자

## 차례

**여는 글 不亦樂乎, 이 또한 기쁘지 아니한가!**　　12

하늘도 무심하시지!　　17
나의 딸! 나의 아버지!　　20
사춘기를 앓다　　27
장애에 장애를 더하다　　35
혹 떼러 갔다가 혹 붙이고 왔네　　41
서예에 스며들다　　45
성정자, 서예로 날다　　51
나는 아직도 목이 마르다　　60

| | |
|---|---|
| 바로 이 사람이라면! | 71 |
| 가정을 이루다 | 77 |
| 아들을 얻다 | 83 |
| 인생 스펙 쌓기 | 88 |
| 휠체어 파크골프로 금메달을 목에 걸다 | 94 |
| 서예가 성정자가 나아갈 길 | 99 |
| 장애가 장애로서 존재하지 않는 세상을 위하여 | 107 |

?

16
누구 시리즈 39

### 하늘도 무심하시지!

　나는 태어날 때 건강한 아기였다. 세상의 모든 아기는 울거나 보채기를 밥 먹듯 한다. 아기의 울음은 아기의 언어이기도 하다. 배가 고파도 울고 기저귀가 축축해도 운다. 잠자리가 불편해도 울고 엄마 품이 그리워도 운다.

　그날 아기였던 나도 빽빽 울었다. 집으로 놀러 온 먼 친척분이 나를 봐주시고 있었다. 마침 어머니는 볼일이 있어서 잠깐 집을 비우셨다. 어머니는 당신이 볼일을 보는 동안만 친척분에게 아기를 봐 달라고 하셨다. 어머니가 집을 비운 걸 알았던 걸까? 어머니의 부재를 느낀 아기는 칭얼거리더니 급기야 울음을 터뜨렸다. 아기를 안아서 토닥거렸지만, 아기의 울음은 멈출 줄 몰랐다. 한 번도 아기를 낳거나 키워 보지 못한 친척분은 아기를 다루는데 서툴렀다.

　친척분의 갖은 노력에도 아기는 울음을 멈추지 않았다. 친척분은 진땀을 흘리며 포대기를 찾았다. 우는 아기를 달래는 방법으로 사람들은 아기를 업는다는 걸 본 적이 있었으니까. 친척분이 아기를 업으려고 등을 돌려 댔다. 뻗대는 아기는 힘이 세다. 아기를 다루는 그분의 손길이 어쩐지 위태위태했다. 겨우 등에 아기를 올려놓고 포대기로 막 감싸려는데 순간이었다. 뻗대는 아기의 허리가 뒤로 확 꺾이고 말았다. 자지러지는 아기의 울음이 아무래도 심상치 않았다. 황급히 아기를 앞으로 돌려 안았지만 이상했다.

집으로 돌아온 어머니는 아기를 보자 사색이 되었다. 아버지도 급하게 연락을 받고 한달음에 달려오셨다. 숨이 끊어질 듯 울부짖는 아기를 감싸안고 병원으로 갔지만 하늘도 무심하셨다. 병원에서 내린 진단은 척추측만증이었다.

"우리 딸에게 왜 이런 몹쓸 일이 생기다니! 아아, 하늘아, 하늘아! 정녕 하늘이 원망스럽구나."
"차라리 내 목숨을 내놓더라도 제발 우리 정자만은, 정자만은 무사하게 해 달라고 그렇게 기도했건만…."

어머니는 망연자실 슬퍼하셨고 아버지도 바닥에 털썩 주저앉아 땅을 쳤다. 부모님의 애가 닳아 끊어지는 아픔을 어떤 말로도 표현할 길이 없다. 당신들이 전생에 무슨 죄를 지어서 자식에게 이런 일이 일어났을까 자책하셨다.

나의 빈약한 상상력을 총동원해서 어림짐작으로 그때의 상황을

재현해 본 것이다. 장애인이 되었을 당시 나는 갓난아기였기에 아무것도 기억나지 않는다. 부모님으로부터도 자세한 사고 경위를 들은 적이 없었다. 하늘이 무너졌던 그때의 상황을 부모님은 기억하고 싶지 않았고 차마 입에 올리고 싶지도 않았던 거였다. 아기를 지켜 주지 못했다는 자책감과 아기를 바라볼 때마다 느끼는 미안함은 묵직한 돌덩어리가 되어 부모님 가슴에 무거운 추처럼 매달려 있었다. 그 생각만 하면 지금도 울컥해진다.

### 나의 딸! 나의 아버지!

　돌과 바람의 섬, 제주도가 나의 고향이다. 나는 용담 해안도로의 풍광이 멋진 성화 마을에서 3남 1녀의 고명딸로 태어났다. 부모님에게 나는 늦둥이 딸이었다. 위로 오빠 두 명에 아래로 남동생이 태어났으므로 홍일점이었다. 남자 형제들은 나를 꽃처럼 애지중지했다. 가정 형편이 많이 부유하진 않았지만 남부럽지 않을 정도는 되었다.
　나는 가족들의 사랑을 한 몸에 받으면서 성장했다. 특히 아버지에게 나는 최고의 딸이었다. 지금으로 치면 '딸 바보'라고 할까. 나의 성정이 씩씩하고 활달한 이유가 가족의 사랑을 풍족하게 받은 덕분일 것이다.
　공무원이셨던 아버지는 성정이 대쪽 같았던 분이셨다. 검은색은 검다고 말씀하셨고 하얀색은 하얗다고 하는 분이셨지만 인정이 많으셨고 감정이 풍부하셨다. 그런 까닭에 동네 어른들도 아버지를 어려워하면서 존경하셨다. 감수성이 예민했던 아버지와 반대로 어머니는 무덤덤한 양반이셨다. 기쁘거나 슬프거나 노하거나 즐거운 감정을 잘 드러내지 않는 점잖은 분이셨다. 감정 표현은 풍부하셨지만, 말수가 적으신 아버지는 오빠와 남동생에겐 무척이나 엄하게 훈육하셨다. 그토록 엄하셨던 아버지였지만 딸인 나한테는 무조건 관대하셨다.

"우리 딸내미가 늦네. 언제 오려나?"
"시장하신데 먼저 잡수시구려."
"이 사람이 무슨 말을 하는 거야? 출타한 식구가 있는데, 숟가락을 드는 법이 어디 있어. 우리 정자 오면 같이 먹어야지."

이런 대화는 나한테 익숙한 일이었다. 내가 밖에서 놀다가 행여 귀가가 늦어지면 온 식구는 밥상에 둘러앉아 나를 기다렸다. 아버지가 내린 명령이었다. 내가 밥상에 앉으면 아버지는 맛있는 반찬을 내 쪽으로 밀어 주셨고, 내가 좋아하는 옥돔이나 다른 생선을 밥 위에 올려 주셨다. 아버지의 그런 행동을 보고 자란 오빠들도 여동생이라면 금이야 옥이야 했다. 아버지가 돌아가시고 일 년 동안 큰오빠가 아버지가 하시던 행동을 그대로 했다. 일 년쯤 지나자 큰오빠가 내 밥에 반찬을 놓아 주던 걸 시나브로 멈췄다.

"큰오빠, 아버지 따라서 반찬 올려 주는 일을 딱 일 년 하더니 이젠 하지 않네."

"그래서? 많이 서운해?"
"그러게, 좀 서운하네. 아버지 생각이 나서."

내가 농담 겸 볼멘소리 하자 큰오빠는 사람 좋은 표정으로 껄껄 웃으면서 내 밥 위에 반찬을 올려 주셨다. 중년 나이의 여동생을 바라보는 오빠 표정엔 깊은 애정이 담겨 있었다.
우리 집만의 밥상 예절(?) 말고도 나를 향한 아버지의 무한한 사랑은 끝이 없다. 외출했다가 집으로 돌아오는 길목에서 아버지는 나를 기다리시곤 했다.

"아버지, 나도 이제 다 컸어요. 집에 잘 찾아올 텐데 뭐 하려고 힘들게 밖에서 기다려요. 이제 나오지 마셔. 제발요!"
"누가 뭐래. 우리 딸 다 컸는지 아버지도 안다. 그래 알았어. 정자, 네가 불편하면 이제 기다리지 않으마."

밖에서 우두커니 나를 기다리는 아버지를 생각하는 마음으로 신경질을 낸 것이다. 그런데도 아버지는 여전히 대문 밖에서 나를 기다리셨다. 기다리지 말랬는데 또 나오셨냐는 불평을 딸에게 들을까 봐 내가 멀리서 걸어오는 걸 보면 아버지는 담벼락 뒤로 후다닥 몸을 숨기셨다. 참 못 말리는 양반이었다.
우리 식구가 다 기억하는 '박 사건'은 지금 떠올려도 웃음이 터지는 가족의 추억담이다. 나는 어릴 적부터 유난히 손재주가 뛰

수술 전

어났다. 자수면 자수, 박공예면 박공예 등 한 번 손대면 끝장을 봤다. 한창 박공예에 재미를 들였던 적이 있었다. 나중에는 제주 YWCA에서 박공예를 가르치기도 했으니 취미를 넘어서 전문가 수준에 오른 것이다. 그러던 어느 날 아버지가 일부러 뭍에 가셔서 충청도 장이 서는 날, 박을 엄청 많이 샀던 적이 있었다. 마당 한가운데 쏟아 놓은 박이 어마어마했다. 저렇게 많은 박을 다 어떻게 쓸까, 하는 생각으로 겁을 잔뜩 집어먹었지만, 아버지 덕분에 박공예는 물리도록 할 수 있었다.

행여 등이 휘어진 장애 때문에 딸이 상처받을까 아버지는 전전긍긍하셨고 당신이 하실 수 있는 모든 사랑을 쏟아부으셨다. 그 덕분이었을까, 나는 여느 아이들과 다르다는 생각을 거의 하지 않았다. 등이 휘어진 내 모습을 쳐다보는 눈길을 느꼈지만 별로 개의치 않았다. 더군다나 일상생활을 하는데, 조금의 불편함이 없었기 때문에 성격이 활달하고 긍정적인 소녀였다. 나는 여러 과목 중에 미술 시간이 가장 즐겁고 행복했다. 서예에 관한 재능이 그때부터 두각을 나타낸 건 아닐까 싶다.

"정자야, 넌 그림을 참 잘 그리는구나. 네 그림이 우리 반에서 일등이다."

담임 선생님은 내가 그린 그림을 반 아이들 앞에서 보여 주며 칭찬을 아끼지 않았다. 아이들도 내가 그린 그림을 보면서 시샘과 부러움이 섞인 표정으로 바라보았다. 그럴 때마다 우쭐한 기분에 어깨가 으쓱해졌다. 내 머릿속에 제일 먼저 떠오른 사람이 아버지였다. 벙싯거리는 웃음으로 우리 정자가 최고라고 해 주실 분이었으니까.

수업이 끝나자마자 선생님께 칭찬받은 그림을 팔랑거리며 집으로 뛰어갔다. 그림만큼이나 뜀박질도 누구보다 잘할 자신이 있었다. 지금 생각해 보면 그때 벌써 체육의 감각과 재능도 엿보였던 걸지도 몰랐다.

"아버지, 담임 선생님이 내 그림이 우리 반에서 일등이래."

내 예상은 적중했다. 아버지는 나를 번쩍 들어 안고 껄껄 웃으셨다.

"그럼, 우리 성정자가 으뜸이지. 이다음에 우리 딸 유명한 화가 되겠네."

그림 그리는 사람을 환쟁이라 폄하하던 시절이었다. 하지만 아버지는 한 번도 그런 말을 하지 않았다. 서예를 시작한 후에도 한지에 쓴 내 글씨는 성화 마을의 자랑거리였다. 어느 날엔가는 동네에서 농장을 경영하시는 아버지 친구분이 우리 집엘 찾아오셨다.

"정자야, 우리 농장 입구에 세울 현판 하나 멋들어지게 써 줘라."
"그래, 정자야. 얼른 하나 써 드려라. 자네 농장에 우리 딸 글씨가 떡하니 놓이면 영광인 줄 알아. 흠흠."

나는 속으로 '이크' 싶었다. 한편 동네방네로 딸 자랑을 하신 아버지가 원망스럽기도 했다. 처음에는 거절했지만 아버지의 성화에 밀려 써 드릴 수밖에 없었다. 아버지가 친구분들에게 입에 침이 마르도록 칭찬을 하신 때문이었다. 철부지 시절이라서 딸 사랑에 유난을 떠는 아버지한테 짜증도 냈지만, 그 시절의 아버지가 그립다. 아버지는 내가 하늘의 별을 갖고 싶다고 하면 따 주기라도 할 양반이었다.

그렇게 호탕하시고 정정하셨던 아버지가 어느 날부터 체기가 있고 속이 더부룩하다고 하셨다. 아버지는 서울의 세브란스 병원에서 진료를 받으셨다. 69세에 진단받은 아버지 병명은 위암이었다. 가슴 철렁한 소식에 가족들이 몹시도 힘들어했지만 유독 나는 온 천지가 무너지는 기분이었다. 아버지는 수술을 받지 않겠다고 선언하시고 제주도 집으로 돌아오셨다. 그까짓 암 정도는 이겨 내실 수 있을 거라는 생각이 들 정도로 아버지는 식이요법과 운동으로 철저히 당신 건강을 챙겼다. 아버지 말씀처럼 암을 이겨 내신 듯했지만 결국 4년 후 73세의 일기로 세상을 떠나시고 말았다. 나는 하늘이 무너지는 기분이었다. 내 나이 서른아홉 살이었다.

## 사춘기를 앓다

"고등학교에 가지 않을 거니까 모두 그렇게들 알아 둬!"

식구들 앞에서 나는 폭탄선언을 터뜨렸다.

"아니, 정자야! 갑자기 그게 무슨 말이냐? 학생이 학교에 가지 않으면 뭘 하려고 그러냐?"
"싫어, 그냥 싫다고!"

내 말이라면 팥을 콩이라고 해도 다 받아 주시던 아버지도 불같이 화를 내셨다. 쾌활하고 명랑하고 활달한 소녀인 나한테도 사춘기가 찾아온 것이다. 웃음도 사라지고 눈만 뜨면 밖으로 나갔는데 방 안에 틀어박혀 나오기도 싫었다.

"고등학교에 입학하지 않겠다는 이유나 들어 보자. 정자야, 어

중앙여중 교정에서

중학교 졸업사진을 찍으며

서 말을 해. 아버지와 엄마는 항상 정자 네 편인 거 알고 있지?"

나는 입을 꾹 다물고 말을 하지 않았다. 고등학교에 입학하고 싶지 않은 이유를 말하는 게 창피하기도 하고 말하는 순간 부모님에게 상처를 드릴 게 분명하므로 주저했다.

"정자야, 정말 이 말은 하기 싫지만, 아버지니까 할 수 있는 말이다. 네 몸이 불편할수록 공부는 해야 한다. 그게 너한테 힘이 되고 약이 되는 거거든. 무슨 문제가 있는 거냐? 말을 좀 해 봐. 이 아버지가 우리 딸 문제 하나 해결 못해 주겠니? 정자야, 아버지 믿지."
"교복을 입기 싫어서 그래요."
"교복이 입기 싫다니? 그게 도대체 무슨 말이냐?"

철딱서니 없는 투정이었다. 하지만 외모에 신경을 쓰는 사춘기의 여학생이라면 누구라도 그런 생각을 하지 않을 수 없었을 것이다. 이유는 휘어진 등 때문이었기 때문이다. 다른 여학생들한테는 허리가 들어간 예쁜 교복이 나한테는 맞지 않아서 입을 엄두가 나지 않았고 고등학교에도 가기 싫었던 거다.

아버지 말대로 부모님은 영원한 내 편이셨다. 나를 설득하려고 무척이나 애를 쓰셨지만 결국 내가 내린 결정을 막을 수 없었다.

나의 예상대로 부모님 가슴엔 대못이 박혔다. 등이 휘어진 것 정도를 대수롭지 않게 여기며 활달하게 지냈던 딸이었다. 지금 생각해 보면 정말 아무렇지도 않은 일이었지만 그때는 몰랐다.

친구들과 한라산 등반을 했을 때도 가장 먼저 백록담에 도착할 정도였으니까. 그때는 몰랐다. 비록 허리는 휘었지만 튼튼한 두 다리를 갖고 있다는 게 얼마나 축복이었는지 말이다.

물질적으로나 정신적으로나 사랑으로나 모든 걸 아낌없이 딸에게 주었지만 결국 척추측만 장애라는 굴레는 벗겨 줄 수 없으셨던 거였다. 사춘기가 찾아온 딸은 척추측만 장애를 인식하기 시작했고 또래 여자아이들과 비교하는 마음이 드리워진 것이다. 그리고 결국 그것이 마음의 상처가 되어 고등학교를 포기한 걸 부모님은 두고 볼 수 없으셨던 거였다.

부모님과 두 오빠와 일가친척들까지 총동원하여 굽은 등을 고칠 방법을 백방으로 찾기 시작했다. 지성이면 감천이라고 했던가. 스물이 넘었을 때 전주의 어느 병원에 척추 수술의 최고 권위자인 의사가 있다는 정보를 듣게 되었다.

"아버지 나도 수술만 하면 다른 여자애들처럼 예뻐질 수 있을까?"

수술 전 백록담에서

?

수술 전 성판악에서

굽은 등이 펴졌을 때의 내 모습을 상상하는 것만으로도 가슴이 부풀었다.

"우리 딸이 어디가 어때서? 아버지 눈에는 우리 딸이 제일 예쁘게 보이는 걸. 그래도 어쨌든 수술을 받아 보자. 우리 정자가 키가 쭉 커지면 어디 내놓지도 못하겠네. 어느 놈이 우리 정자를 넘볼까 싶어 쌍심지를 켜고 지켜봐야겠구나."

"당신은 세상에서 당신 딸만큼 예쁜 사람이 없지. 애고, 팔불출!"

부모님 두 분이 티격태격하면서도 설렘으로 가득 차셨다. 나도 부모님만큼이나 기대에 부풀었다. 수술 후 한 뼘은 커져 더 멋진 모습으로 여봐란듯이 한라산 백록담을 오를 것이라 결심했다.
의사 선생님은 현재 상태의 엑스레이 사진과 허리가 펴진 걸 예상한 사진을 비교해서 보여 주셨다. 사진으로 비교해도 놀랄 만큼 허리가 펴져 있어서 나와 부모님은 부푼 희망을 품었다.

"정자야, 이제는 이 애비가 다리 뻗고 잘 수 있겠다."
"아버지도 참. 그럼, 지금껏 나 때문에 다리 뻗고 주무시지 못했다는 말이네."
"아니야, 그런 말이 아니란다. 이 아버지한테 너는 선물이고 축복이야. 너도 아버지 마음 알지?"

  딸이 등에 짊어지고 있던 짐이 당신 가슴에는 천근만근의 돌덩어리 같았던 모양이다.

### 장애에 장애를 더하다

제주를 떠나 뭍의 전주 병원으로 가는 마음은 설렘 반 걱정 반이었다. 꽃 같은 나이 스무 살. 외모에 한창 신경을 쓸 나이였다. 굽고 휘어진 허리가 곧게 펴진다고 생각하면 행복했다. 하지만 한편으로 큰 수술이었고, 몸에 수술 자국이 남을 걸 생각하면 두렵고 떨렸다.

"우리 딸 진짜 예쁘다. 수술만 하면 앞으로 우리 딸도 멋지게 살면서 니 꿈도 활짝 펼 수 있을 거다."

아버지는 엄지손가락을 치켜세우며 껄껄 웃으셨다. 딸 바보 우리 아버지를 어떻게 말리겠는가.
전신마취를 하고 몇 시간의 수술이 진행되었지만, 결과는 예상과 달랐다. 일주일이 지났지만 오른손에 감각이 없으면서 도무지 움직여지지 않았다.

"경과를 지켜봤는데 아무래도 신경이 잘못된 것 같습니다."

의사의 소견을 들은 나와 부모님은 한숨을 쉬었다. 어떻게 한 수술인데 몸이 말을 듣지 않는다고 하니 앞이 캄캄했다.

"그럼, 우리 애는 어떡하나요?"
"한 번 더 수술을 시도해 보는 방법이 있긴 하지만…."
"해 주십시오. 두 번의 수술을 해서라도 고칠 수만 있다면 해야지요."

아버지가 결연한 표정으로 말씀하셨다. 내 마음도 아버지와 똑같았다. 1차 수술도 너무 아프고 힘들었지만, 이왕 고생할 바에 한꺼번에 수술해서 완전히 고치고 싶은 소망이 컸다. 그때 멈췄어야 하는 걸까? 사람이 자신의 미래를 미리 알면 얼마나 좋았을까?

2차 수술 시간은 1차 때보다 더 많은 시간이 걸렸다. 전신마취를 하고 의사의 손에 맡겨진 채 내 몸에 어떤 일이 일어나는지 알지 못했다. 수술이 끝나고 회복실에 왔지만, 의료진들의 얼굴은 어두웠다. 무슨 사달이 난 게 틀림없었다. 아니나 다를까 수술하는 동안 신경을 잘못 건드렸다고 했다. 그 때문에 내 몸에 어떤 결과가 나타났는지 상상조차 할 수 없었다.

회복실에서 깨어나고 입원실로 올라갔지만 나 스스로 화장실도

갈 수 없는 몸이 되고 만 것이다. 하반신마비라는 엄청난 굴레가 씌워졌다. 참으로 어처구니없고 황당한 일이었다. 만신창이가 된 내 몸이 도저히 믿어지지도 않았고 받아들여지지도 않았다.

 부모님의 절망은 또 어떻겠는가. 이 소식을 접한 제주의 가족들 마음은 오죽했겠는가. 만약 운명의 신이 내 앞에 나타난다면 가만두지 않았을 것이다. 너무 억울해서 멱살이라도 잡고 당신이 뭔데 내 인생을 좌지우지하느냐고 삿대질이라도 하고 싶은 심정이었다.

 허리에 이어 다리까지 굳어진 내가 할 수 있는 최선은 재활 치료뿐이었다. 몇 달이 지나자 아주 미세하게 오른쪽 엄지발가락이 움직였다. 발견한 순간 이루 말할 수 없는 기쁨에 희망을 품었고 제주에서 아버지도 올라오셨다. 그러나 나아지는 건 쉽지 않았다.

 그때 비로소 '현타'(현실 자각 타임)가 찾아온 것이다. 시간이 흘러 수술의 상처는 아물었지만, 마음의 상처는 치유 불가능할 만큼 깊어지기만 했다. 마음의 상처는 우울로 이어졌고, 재활에도 힘을 기울이지 않았다. 내 의지로 할 수 있는 오직 하나뿐이라는 나쁜 생각을 했다. 나는 처방해 주는 약봉지에서 한 알씩 약을 빼놓기 시작했다.


 "성정자 님, 이게 뭔가요?"
 간호사가 소스라치게 놀라며 나한테 수십 개의 하얀색 약 알맹이를 내밀었다. 간호사의 얼굴엔 노기가 가득했다. 침대 밑에 숨겨 놓았던 약이 들통난 것이다.

"그걸 왜 나한테 묻죠? 간호사님이 더 잘 아실 텐데요."
나는 태연하게 맞받아쳤다.

"이건 왜 이렇게 많이 모은 건데요. 미쳤어요?"
"아니요. 차라리 미쳐 버려서 아무것도 몰랐으면 좋겠어요. 나는 앞으로 어떻게 살아요? 간호사님이 더 잘 아시잖아요. 나 같은 건 세상에 없어지는 게 차라리 나아요."

"성정자 님 아버님이 이 사실을 아시면 그 마음이 어떠시겠어요? 성정자 님, 그거 아세요. 아버님이 따님 얼굴을 차마 보지 못하고 울면서 대걸레로 병원을 청소하셨단 말이에요."

간호사로부터 그 말을 들었을 때 내가 무슨 짓을 하려고 했나 하는 생각이 들었고 뒤통수 한 대를 세게 얻어맞은 기분이었다. 의료사고를 순순히 인정했던 병원 측으로부터 보상금을 받았지만, 하반신장애를 평생 짊어지고 살아야 하는 사람에게 몇 푼의 돈이 해결해 주는 것은 아무것도 없었다.
 예쁜 치마 아래 다리를 뽐내며 부푼 기대를 안고 내 발로 걸어 들어간 병원이었다. 그런데 퇴원 절차를 마치고 병원 문을 나설 때는 두 발로 걸어 나올 수 없는 신세가 되었다. 한라산 백록담을

활기차게 오르던 일이 아득했다. 멀쩡한 다리로 산을 타는 일은 내 평생에 없으리라 생각하니 눈물이 하염없이 흘렀다. 내가 송두리째 사라져 버렸다.

'성정자! 너 고작 이것밖에 안 되는 인간이었냐. 성정자! 정신 차려라. 네 목숨이 네 것만인 줄 아니? 부모님의 뼈와 살과 피로 자식이 된 게 바로 너 성정자야.'

나는 스스로에게 채찍질을 했다. 부모님으로부터 받은 사랑과 은혜를 제대로 갚지는 못하더라도 부모님 가슴에 고통과 한을 남겨 드릴 수는 없었다. 장기 환자로 더 이상은 전주 병원에 입원해 있을 수가 없었다. 그렇다고 제주에는 더욱 가기 싫었다.

"아버지, 나 말이야. 제주에는 절대 내려가지 않을 거예요."
"집에 가지 않겠다니? 그게 대체 무슨 말이냐?"
"싫어요. 동네 사람들이 이런 내 꼴을 본다면 뭐라고 하겠어요. 이러쿵저러쿵하는 말을 듣는 게 죽기보다 싫단 말이에요."

굽은 등 때문에 교복을 예쁘게 입을 수 없다는 이유로 고등학교에 가지 않겠다고 고집을 부렸던 나였다. 철없는 고집이 부모님, 특히 당신 딸이 최고라고 생각하는 아버지한테는 통할 거라는 생각이었다.

"재활 치료를 받아야 한다잖니. 그러면 집에서 가까운 병원에 다녀야지. 어쩌려고 그러니."

어머니가 내 다리를 부여잡고 눈물을 삼키며 나를 설득했다. 나는 완강하게 버텼다. 결국 부모님은 내 선택에 손을 들어 주셨다. 결과적으론 잘한 선택이었던 같다. 그 덕분에 서예가로서의 또 다른 인생이 펼쳐지는 계기가 되었으니 말이다.

만약 그때 전주 병원에서 퇴원해서 제주도 집으로 내려갔다면 내 인생은 어떻게 되었을까? 사람은 누구나 길고 긴 인생의 항로에서 무수한 선택의 순간을 마주할 때가 참 많다. 그 선택이 훗날 어떻게 인생에 영향력을 미치는지 알지 못하기에 선택은 늘 어렵고 힘든 것이다. 훗날 잘못된 선택이었다 할지라도 그때는 그것이 최선이라 믿을 수밖에 없을 테니까.

나 또한 그랬다. 물론 인생의 긴 행로를 생각해서 한 결정은 아니었다. 20대 초반의 꽃다운 나이에 두 가지 장애를 입었다는 사실이 너무도 괴롭고 힘들었고 우선은 현실을 피하고 싶어서 내린 선택이고 결정이었을 뿐이었다.

## 혹 떼러 갔다가 혹 붙이고 왔네

 전주 병원에서 퇴원한 후 제주도 집이 아닌 창원에 있는 '홍익재활원'으로 발길을 돌렸다. 제주도로 가기 싫다는 딸의 고집에 부모님이 선택한 차선이었다. 창원 홍익재활원으로 입원할 때 나는 누운 채로 들것에 실려 들어가야 했다. 허리 수술로 가슴 보조기를 해야 했고 신경이 죽은 양측 다리에도 보조기를 착용했으니 휠체어에 앉는 건 엄두조차 못 낼 지경이었다. 마치 내 몸이 철로 된 보조기에 둘러싸인 로봇 같다는 비참한 기분에 휩싸였다.

 수십 년을 살아온 터에 용담 성화 마을에서 우리 가족을 모르는 사람은 거의 없었고 아버지와 오랜 친분을 맺은 분들이 너무 많았다. 누구네 집 밥그릇과 수저가 몇 개인지도 훤히 뚫을 만큼 서로의 집안 사정에 훤했다. 척추측만을 고치기 위해 뭍의 병원으로 큰 수술을 받으러 간다는 사실도 성화 마을 사람이라면 다 알고 있었다. 굽은 허리가 꼿꼿해져 한 뼘 키가 자란 내 모습을 기대했던 마을 사람들에게 하반신마비의 모습을 보여 주기가 죽기보다 싫었다. 아버지와 오랜 우정을 다져온 분들이니만큼 나의 불행을 진심으로 안타까워하시리라는 것도 모르지 않았다. 하지만 혀를 차거나 눈물 바람을 하고서는 '혹 떼러 갔다가 혹을 붙이고 왔네.'라는 말씀을 하실 수도 있었다. 나와 우리 부모님 앞에서는 입 밖에 내지 않겠지만 뒤돌아서는 그런 생각을 할 수도 있는 일이었다. 내가 제주도로 돌아가고 싶지 않은 가장 큰 이유였다.

나는 마음을 바꿔 먹었고 재활에 온 힘을 기울였다. 물리치료와 운동을 하루도 빼놓지 않았고 처음 타 보는 휠체어 작동법도 열심히 익혔다. 처음에는 휠체어 조정에 서툴러서 이리 부딪치고 저리 부딪쳤지만, 점차 숙달되니까 휠체어 조정이 베테랑급이 되었다. 누워만 있다가 휠체어를 이용하게 되자 다시 건강해지고 한번 살아 봐야겠다는 욕망이 꿈틀거렸다. 시간이 정해진 물리치료만으로 만족할 수 없었다. 다른 사람보다 몇 배의 노력을 해야겠다는 결심이 섰다.

홍익재활원은 3층 건물이었다. 홍익재활원에 눕다시피 들것에 실려서 입원했을 때보다는 그래도 나아져서 휠체어 이동은 가능했다. 비상구 문을 열고 내 힘으로 층계에 발을 올렸다. 2차 수술로 신경에 마비가 온 하반신으로는 불가능한 일이었다. 하지만 불가능을 가능케 하는 것이 성정자가 살 수 있는 유일한 길이라고 되뇌었다.

계단 가장자리에 붙어 있는 안전봉을 붙들고 한 발짝 한 발짝 떼어 놓기 시작했다. 겨우 서너 계단을 오르는 데도 땀이 비 오듯 쏟아졌다. 땀과 함께 흘린 눈물도 한 바가지였다. 제주도를 거침없이 뛰어다니던 나날들이 머릿속에 그려졌다. 한라산 백록담 정상을 한달음에 올라서 '야호'를 외치던 기억도 또렷했다. 그러한 기억은 나한테 당근이 되기도 하고 채찍이 되기도 했다.

똑똑 떨어지는 물방울이 돌을 뚫는다고 했던가. 시간과 노력은 배반하지 않는 법이었다. 몇 달의 노력으로 나는 3층 건물의 옥상에 오르기에 이르렀다. 재활원도 모르게 나 혼자 한 운동이었다. 이 사실을 뒤늦게 알게 된 재활원에서 나에게 층계 금족령을 내렸다. 그렇다고 운동을 멈춘다면 부모님도 이겨 먹은 고집불통 성정자가 아니었다. 간호사 몰래 층계 운동을 멈추지 않았다. 이를 눈치챈 원장님이 급기야 비상구 철문을 잠가 버리셨다.

"환자가 열심히 운동 좀 해 보려는데, 왜 문을 잠갔나요?"
"성정자 님, 보호자도 없이 혼자 운동하시다가 낙상 사고라도 나면 어쩌시려고 그럽니까? 환자분한테 무슨 일이 생기면 전적으로 우리 재활원 책임입니다. 그러니까 제발 의료진과 보호자가 지켜보는 가운데 물리치료실에서만 안전하게 운동하세요."

재활원 직원의 말이 맞았다. 전주 병원에서 끔찍한 의료사고를 경험했던 나였다. 만약 재활원에서마저 사고가 난다면 내 몸이 어떻게 될지 아무도 장담할 수 없다는 두려움이 들었다. 홍익재활원에서 보낸 1년의 시간은 화살처럼 흘러갔다.

전주 병원에서 만난 환우들과는 지금도 연락하면서 왕래를 하는 절친이 되었다. 그분들이 제주로 내려와서 만나기도 하고, 내가 올라가서 만나기도 한다.

아무리 아프고 힘든 경험일지라도 다 쓸모없는 건 아니라는 생각이 든다. 또한 하나를 잃으면 하나가 얻어진다는 것도 맞는 말이다. 절망과 실의에 빠진 나머지 몹쓸 생각까지 했지만, 전주 예수병원에서와 홍익재활원에서 소중한 인연들이 생긴 걸 보면 말이다.

## 서예에 스며들다

　물리치료와 더불어 3층 건물을 오르락내리락한 가슴 보조기를 떼어 낸 채 한쪽 보조기 착용과 목발을 이용해서 짧은 거리는 보행이 가능해졌다. 물론 먼 거리는 휠체어를 사용하기도 했다. 창원의 홍익재활원에서 있는 동안에 몸이 많이 회복된 셈이었다. 거기서 재활 치료를 하면서 친구만 얻은 게 아니었다. 성정자의 정체성과 다름 아닌 서예를 접하는 결정적인 계기가 있었다.

　수술하기 전 우연한 기회에 어느 서예가의 집을 방문한 일이 있었다. 거실 벽에 걸려 있는 액자의 글씨를 보는 순간 감전이라도 된 듯 멈칫했다. 나는 그때까지 서예의 '서'자도 몰랐다. 초등학교 다닐 때 먹과 붓으로 한지에 한글 몇 자를 비뚤배뚤 써 본 기억은 있었지만, 그저 선생님이 시키는 대로 했을 뿐이었다.

　서예가가 직접 썼다는 액자 속에서 붓의 궤적에 따라 꿈틀거리는 한 획마다 범접할 수 없는 기상과 힘이 깃들어 있었다.

'아, 나도 저런 글씨를 쓸 수 있을까? 아, 나도 저런 글씨를 써 보고 싶다.'

내 마음속에 글씨를 향한 씨앗이 서서히 발아되고 있었다. 막연했지만 내면에 끓어오르는 어떤 열기를 그대로 주저앉히고 싶지 않았다. 때마침 재활원에서도 서예 수업이 생겼다. 나는 재활 치료와 더불어 서예를 배울 수 있었다. 지도해 주신 선생님은 내 글씨를 보고 칭찬을 아끼지 않았다.

제주로 돌아올 때는 많이 회복된 터에 이웃들한테 혹 떼러 갔다가 혹 붙이고 왔다는 구설수는 면할 수 있었다. 창원에서 접했던 글씨를 향했던 첫사랑을 다시 만나고 싶었다.
제주 중앙로의 백석 서예 학원과 청청 문인화 학원에서 서예를 배우기 시작했다. 그때부터 나의 서예적 재능이 엿보였는지 내가 쓴 글씨를 보시는 선생님마다 잘 쓴다고 칭찬하고 격려해 주셨다. 칭찬은 고래도 춤추게 한다는 말이 맞았다. 내가 할 수 있는 일을 찾았다는 생각에 나는 점점 서예에 빠져들었다.
죽음까지 생각했던 몹쓸 마음을 버리고 글씨를 써 보겠다고 하자 부모님은 적극적으로 응원과 후원을 아끼지 않으셨다. 그렇게 서예와 사랑에 빠진 나에게 하반신장애가 또다시 내 발목을 붙들었다. 학원의 계단을 오르기에 너무 힘이 든 탓에 못 가는 날이 많아졌다. 집에서 독학으로 글씨를 쓰는 수밖에는 없었다. 또다시 절망감에 휩싸였고 집안에서 은둔하며 지낼 수밖에 없었다.

그렇게 여러 가지 불편함을 체험하면서 느낀 바가 컸다. 장애인을 위한 편의시설이 참으로 부족하다는 사실을 깨달은 것이다. 휠체어를 타거나 목발을 보행 수단으로 하는 장애인들에게 엘리베이터가 없는 건물의 계단은 낭떠러지가 있는 절벽과 다르지 않다. 제주에 관광을 오시는 장애인분들의 편의시설 요구에 내가 지금껏 목소리를 높이게 된 계기도 바로 그때 체험한 불편함 덕분이었다.

나는 집에서 서예의 교과서로 불리는 '법첩'을 조금씩 익히기 시작했다. 장멍용비, 사신비, 석고문 등의 기본을 반복해서 쓰고 익혔다. 장맹용비는 세 번이나 완임하면서 그 글씨의 매력에 푹 빠지기도 했다.

기본을 떼고 나면 자기만의 글씨체를 구축하는 게 서예가로서의 입문이 되는 셈이었다. 말이 쉽지, 그 단계에 이를 정도면 예술가의 경지에 다다르는 것이다.

내 작품을 감상한 분들의 의견을 종합해 보면 한글은 부드러움이 깃들여 있고 한자는 힘이 있고 강하다는 평가가 대부분이다. 나도 수긍하는 부분이다. 관객들은 내 글씨만 보고도 성정자가 썼다는 걸 알아본다. 그것이 바로 성정자가 구축한 글씨체로 자리매김했다는 의미일 것이다.

배움의 목마름은 서예에서 그치지 않았다. 등이 휘어져 교복을

?

(좌)매월당 시, (우)결점

입기 싫었던 탓에 고등학교 졸업장이 없었던 나는 공부를 해 보기로 했다. 일반 학교에 입학하기에는 나이가 많은 탓에 방송통신고등학교에 입학했다. 돌이켜 보면 그 시간이 나에겐 암흑기였을 수도 있었다. 중복 장애로 절망과 좌절과 우울감에서 헤어나지 못했으니까. 하지만 먹을 묻힌 붓으로 한지에 글씨를 쓰고 있으면 마음이 한결 누그러지고 차분해지곤 했던 걸 생각하면 서예가 나를 한층 성장하게 했던 건 맞았다.

 아버지는 마냥 우리 딸이 기특하고 장하다고 치켜세웠고 내가 쓴 글씨를 동네방네 자랑하고 다니셨다. 참으로 못 말리는 딸 바보셨다. 그때 습작했던 글씨를 지금 꺼내 보면 쥐구멍에라도 들어가고 싶은 만큼 조악하고 형편없는 글씨였다. 그렇지만 나는 그 글씨를 없애지 않았다. '과거의 부족한 작품이 현재 내 스승이 된다.'는 걸 잘 알고 있기 때문이다.

 교복 탓을 하면서 고등학교에 가지 않겠다고 선언했던 나였다. 시간이 철을 들게 한 걸까? 젊은 나이에 겪은 아픔이 약이 된 걸까? 서른 나이에 스스로 대학을 가겠다고 하자 부모님 얼굴이 환해지셨다. 딸이 허리와 다리의 두 가지 장애를 입은 걸로 눈물 마를 사이 없었던 부모님에게 자그마한 희망을 드릴 수 있어서 기뻤다. 모르긴 해도 우리 아버지는 또 동네방네 다니시면서 내 자랑을 하셨을 게 분명했다. 어쩌면 사람은 칭찬하는 만큼 성장하는 존재일지도 모른다. 아버지의 과장된 자랑 때문에 민망했던 적도 있었지만 한 단계씩 성장하는 원동력이 될 때도 많았다. 적어도 나를 자랑하시는 아버지에게 부끄럽지 않은 딸이 되도록 최선을 다했으니까 말이다.

1992년 방송통신대학교 국어국문과에 입학했다. 집에서 보내는 시간에 책을 많이 읽어서 택하게 된 학과였다. 늦깎이 대학생이 된 나는 공부가 재미있었다. 공부도 열심히 했지만, 대학 생활을 보람차게 보내고 싶은 욕심에 여러 가지 정보를 빠르게 섭렵했다. 역시 고기도 씹어 봐야 맛을 아는 것이고 인생은 직접 부딪쳐 봐야 쓰고 달고 맵고 짠 것을 알게 되는 법인가 보다.

많은 동아리에서 대학생 새내기 회원을 모집하기 위해서 안내문이 나붙었다. 그 많은 동아리 안내문 중 하나가 내 눈길을 사로잡았다. 바로 서예 동아리였다. 그걸 보는 순간 내가 반했던 글씨 액자 한 점이 전광석화처럼 번쩍 생각났다. 집에서 혼자 취미로 썼던 글씨도 흐지부지한 상태였기에 서예를 향했던 나의 첫사랑이 많이 희미해졌던 시기였다. 그런데 깊숙이 눌러 앉혔던 먹글씨에 대한 감동이 온몸을 감싸고 돌았다. 서예가의 거실 액자 속 먹으로 쓴 글씨가 살아 움직이는 것 같아 한참을 멍하게 바라봤던 충격이 생생하게 되살아났다.

서예 동아리 신청서에 이름과 학과와 학번을 적었다. 다시 먹을 갈고 붓을 잡고 한지에 한 획 한 획을 써 보고 싶다는 마음이 솟구쳤다.

## 성정자, 서예로 날다

　나는 통묵회 회원이 되었다. 서예를 좋아하는 한국방송통신대학교 제주 지역 대학 동아리에서 출발했고 서예 연마를 통해 회원의 정서 함양과 친목 도모를 목적으로 설립되었다. 매년 한 해도 거르지 않고 서예 전시회를 개최한다는 것이 통묵회의 큰 매력이었다. 내가 쓴 글씨도 전시회에 걸릴 수 있다는 생각만으로도 설레고 흥분되었다.
　통묵회를 통해 농촌지도소에 동아리 교실이 마련되었고 나는 그곳에서 정식으로 서예를 배울 수 있었다.

"여보, 오늘 우리 딸 서예 교실 가는 날이 맞지?"
"네, 맞아요. 근데 그건 왜요?"
"정자 방에서 흥얼거리는 노랫소리가 들리잖아."

　부모님의 대화처럼 서예 교실에 가는 날이면 콧노래가 절로 날

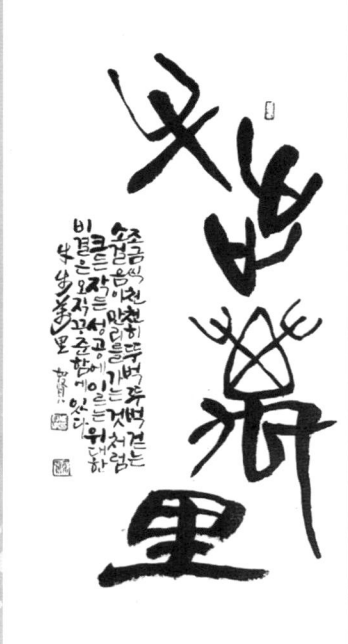

(좌)우보만리, (우)지혜로움과 어리석음

만큼 즐거워했다. 그러나 그 기쁨도 잠시였다. 또다시 장애가 내 열정에 발목을 붙드는 바람에 서예 공부를 계속하기가 힘들어졌다. 통묵회 동아리실은 책상과 의자가 없었다. 몸이 불편하지 않은 다른 회원들은 마룻바닥에 주저앉아서 글씨를 써도 상관없었지만 나 같은 척수장애인에게는 여간 불편한 작업이 아닐 수 없었다. 몇 번 다니다가 그만 다닐 수밖에 없었다.

하지만 인생에서 하나의 문이 닫히면 다른 한쪽 문이 열린다는 말이 있다. 집 근처 가까운 '탐라 장애인 종합복지관'에 서예교실이 생겼다. 그곳은 장애인을 위한 복지관이었기 때문에 서예를 쓰는 공간에도 널찍한 작업대가 마련되어 있었다. '이 또한 기쁘지 아니한가!'가 저절로 외쳐졌다.

집에서 방바닥에 펴놓고 글씨를 쓰다가 휠체어 높이에 맞는 작업대가 설치된 공간에서 맘껏 펼쳐 놓고 작업을 하니 훨씬 좋은 작품이 나왔다. 편의시설이 잘된 복지관을 내 집처럼 사용했다. 선생님과 같이 공부하는 분들도 내 작품이 좋다고들 하셨다. 해서 동아리 서예전에 출품하게 되었다. 벽에 걸린 내 작품을 보신 아버지는 나보다 더 행복해하셨다.

"여봐, 우리 딸 작품이 떡하니 전시가 됐다네. 이제 우리 딸은 작가야, 작가!"
"아이고, 정자가 작가가 되었다고? 자네 딸이 정말 큰일을 했구

먼. 자네는 딸 잘 둬서 좋겠네."
 "말해 뭐해, 좋고 말고. 덩실덩실 춤이라도 추고 싶은 기분이네. 우리 딸이 작가 선생님이 된 거지. 나는 우리 딸이 뭔가 해낼 인물이라는 걸 진작부터 알았다네. 얼굴 예쁘지, 글씨 잘 쓰지, 뭐 하나 빠지는 게 없는 자식이라니까."

 작가 등단이 얼마나 어려운데 아버지는 초년생인 딸의 작품 한 번 전시된 걸 보고 다 이룬 것처럼 잘못 알고 계셨다. 아버지는 동네 친구들만 만나면 내 자랑하느라 시간 가는 줄도 모르셨다. 아버지 친구분들도 아버지가 장애인 딸을 둬서 얼마나 마음 졸이고 애가 타셨는지 다 알고 있었다. 그런 까닭에 아버지의 다소 과장된 칭찬에도 기꺼이 맞장구를 쳐 주셨고 기뻐해 주신 거였다. 다 고마운 분들이다. 자식을 낳아 길러 본 부모님의 심정이란 게 어떤 것인지 내가 자식을 낳아 보니 저절로 깨달아졌다.

 즐거운 마음으로 서예를 공부하면서 여러 대회에 도전하게 되었다. 대회가 주는 의미도 좋았고 그 바람에 작품에 매진할 수 있어서 실력이 더욱 좋아졌다. 그 결과 전국추사휘호대회, 대한민국여성미술대전, 제주도미술대전 등의 '초대작가'가 되는 영광을 누리게 되었다. 말이 씨가 된다는 말이 있다. 입술이 열매라는 말도 있다. 내가 서예 작가가 되었다고 미리부터 자랑했던 아버지의 말씀이 씨가 되고 열매로 맺어진 셈이었다.

내 도전은 여기서 멈추지 않았다. 멈출 수가 없었다. 욕심이라고 해도 상관없고 욕망이라고 해도 좋다. 하지만 내가 권력이나 돈을 탐하는 욕심이 아니라 서예를 향한 뜨거운 열망이라면 더한 욕심을 부려도 될 터였다.

'전국장애인기능경기대회'에 시범 종목으로 서예가 있다는 걸 알게 되었다. 전국장애인기능경기대회는 장애인의 기능 향상을 촉진하고 장애인 기능 인력의 저변 확대와 사회와 기업의 장애인 고용에 대한 인식개선을 위하여 고용노동부가 주최하고 한국장애인고용촉진공단과 한국장애인고용안정협회가 공동 주관하는 행사였다.

내 나이 40 초반이었던 2005년에 출전했고 영광스럽게도 은상을 받았다. 실력을 인정받았다는 기쁨은 말로 다 표현할 수 없었고 수상을 계기로 나는 장애인 계에 눈을 돌리게 되었다. 장애인에 대한 나의 관심이 커지자 (사)제주특별자치도지체장애인협회에서 여성부장을 역임했다. 이어서는 부회장이 되어 지체장애인 옹호에 앞장섰다. 그 무렵 장애인미술 분야도 알게 되었다.

내 인생에서 장애는 큰 문제가 되지 않았다. 어린아이 적에 친척분의 실수로 척추측만증이라는 불행에 이어 의료사고로 하반신마비가 되었을 때 죽음까지 생각할 만큼 고통스러운 시절이 있었다.

멕시코의 초현실주의 화가 '프리다 칼로'도 6세에 소아마비에

2006년 작품 전시회에서 남편, 아들과 함께

걸렸고 18세에 교통사고로 30여 차례 수술을 받았다. 그렇게 온몸이 망가지는 바람에 평생 침대에 누워서 그림 작업을 했던 화가로 유명하다. 그녀 또한 나처럼 장애에 장애를 더했지만, 세계적으로 실력을 인정받았을 뿐 아니라 미술 역사에 거장이 되었다. 누구에게나 시련은 있다. 그 시련을 극복하느냐, 극복하지 못하느냐는 것은 순전히 개인의 의지에 달린 것이다.

인생이란 정말 끝까지 살아 봐야 알 수 있는 여로라는 생각이 든다.

서예를 향한 나의 목마름은 멈출 줄 몰랐다. 2009년 제1회 '한국장애인서예한마당대회'에서 대상의 영예를 안았다. 시상식은 국회의원회관에서 개최했다.

장애인의 예술적 소질과 잠재능력을 개발하고 전문 작가로의 등용 기회를 제공하기 위한 대회였는데 공모전 결과 서예, 문인화, 서각에서 총 157점이 접수된 것으로 집계됐다. 한국장애인서예협회는 심사를 통해 대상을 비롯해 총 87명의 수상자를 선정해 시상했다.

한국장애인서예협회는 역량 있는 장애인 서예 예술가의 발굴과 지원을 통해 장애인 서예의 저변 확대와 장애인 서예 예술가의 역량을 전국에 알리기 위해 공모전 입상작을 중심으로 순회 전시회를 진행하기도 했다. 순회 전시회는 국회의원회관, 대전 대청호문화전시관, 부산광역시전시실, 제주 성안미술관에서 각각 개최되었다.

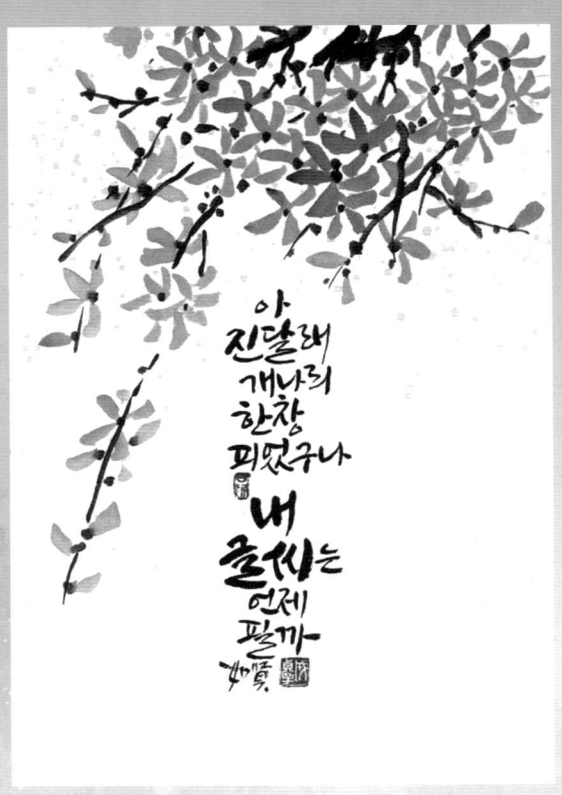

개나리 내 글씨는 언제 필까

아버지의 과장된 자랑처럼 나는 명실공히 서예 작가가 된 것이다. 그러나 아버지는 내 성공을 기다려 주지 않으셨다. 내가 서른 아홉이던 해인 2001년 돌아가시고 말았다.

아버지는 숨을 거두시면서도 나에 대한 애정을 여실히 드러내셨다.

"우리 정자는 점점 예뻐지네!"

마지막으로 아버지가 내게 남긴 말씀이었다. 아버지 말씀처럼 나날이 성장하고 예뻐지도록 할게요!

## 나는 아직도 목이 마르다

'한국장애인서예한마당대회'의 대상은 나 개인의 영광과 기쁨만이 아니었다. 제주도에서도 의미 있는 수상이었다. 대상이 배출된 지역 제주에서 처음으로 전국장애인 서화 예술인들의 전시회가 열렸다. 나로 인해 물꼬가 트여 제주에 장애예술인 축제가 열린 것이다. 이 또한 기쁜 일이었다. 그리고 2012년 제22회 '대한민국장애인미술대전'에서 또다시 대상을 받는 영광을 안았다. 서울시립미술관 경희궁 분관 제1전시실에서 수상작들을 전시했다. 이와 같은 활동으로 나는 서예가로서의 입지를 단단히 굳히게 되었다. 장애인미술에 큰 성과를 거두면서 나는 점점 바빠졌다. 제주도와 서울을 오가며 수많은 행사에 참여하는 일이 점점 많아졌다.

그즈음 '예술인복지재단'을 알게 된 것도 내게는 큰 행운이었다. 2012년에 설립된 한국예술인복지재단은 예술인 복지 전문기

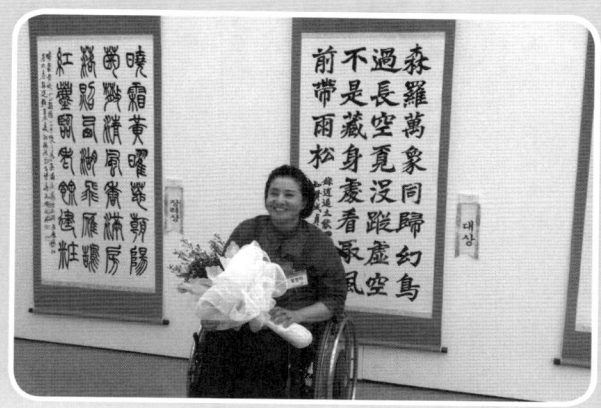

2012 대한민국장애인미술대전 대상 수상작 앞에서

2012 대한민국장애인미술대전 시상식에서 가족들과

관이다. 예술인 복지에 대해 체계적이고 종합적으로 지원함으로써 예술인들의 창작 활동을 증진하고 예술 발전에 기여를 목적으로 하고 있다. 예술인의 권리 보호 및 복지 지원으로 예술 발전에 이바지할 뿐 아니라 예술 활동 안전망과 공정한 예술 환경 조성을 선도하는 단체였다.

이 기관이 설립된 계기는 2011년 시나리오 작가이자 영화감독으로 활동하던 고(故) 최고은 씨의 죽음이 세상에 알려지면서부터였다. 생활고에 시달린 예술가의 현실에 세상은 충격에 빠졌고 이듬해 '예술인복지법'과 '한국예술인복지재단'이 탄생한 것이다. 이처럼 예술가들의 생활고는 비단 어제오늘의 문제가 아니었다. 예술인도 한 사람의 직업인이 되어 최소한의 생계를 유지할 수 있도록 정부 기관이 나서야 하지 않을까. 내가 늘 생각해 왔던 화두였다. 나의 이런 생각이 맞물렸는지 2014년에는 〈한국예술인복지재단〉의 '예술활동증명'을 받았고, 예술활동증명 심사위원으로 위촉되기도 했다.

몸을 두 개로 쪼개도 바쁜 나날이 이어졌다. 대외적인 활동이 늘어남에 따라 시간을 쪼개서 작품에 몰입해야 했다. 대한민국 장애인 서예대전 심사위원, 장애인 미술강사 지원 파견 및 미술교육프로그램 사업 파견강사, 대한민국장애인미술대전 추천작가 泰山(태산) 太河(태하) 출품, 장애인희망키움축제 초대작가 출품(경희궁시립미술관, 구미문화회관) 등 이루 헤아릴 수 없이 연이

2019 장애인 아트페어 심사위원 위촉

?

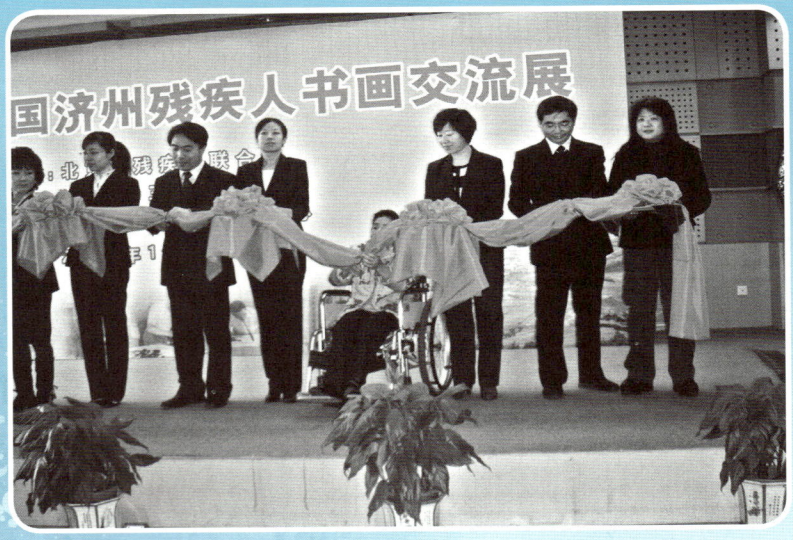

중국 교류전에서

(위)목단_춘풍득의, (아래)목단

어 일어났다.

  2015년에는 한중일 교류전 기념품 제작에 힘을 기울였다. 그 결과로 제6회 한중일 장애인미술교류전(장애인미술협회) 제주전시 선정작가(신산갤러리)가 되었다. 한국장애인서예협회에서 주관하는 한중 국제서화 교류전과 한중일 교류전은 뜻깊은 전시였다. 협회는 중국과 일본을 오가며 교류전을 준비하고 전시했다. 거기에 나도 교류전에 참여하였다. 중국과 일본의 서예가들과 어깨를 나란히 한다는 사실이 믿기지 않을 만큼 행복하고 뿌듯했다.

  그 밖에도 전국장애인종합예술제 '최우수상', 2018년 전국장애인종합예술제 부문 '대상', 2020년 대한민국장애인미술대전 특별상 초대작가 선정, 2021년 국제장애인교류전 전시작가 선정 등 활발한 작품 활동이 이어졌다.

  2022년에는 이음갤러리에서 초대 개인전 〈여기 있었구나〉를 개최했다. 서예, 문인화, 캘리그래피 등 30점 이상의 작품이 전시되었다. 전시 타이틀인 '여기에 있었구나'는 예쁜 꽃 그림이 많았다. 당당히 홀로 피어 있는 풀꽃이나 아무도 의식하지 않고 부지런히 움직이는 개미의 모습을 보며 자신의 자리에서 최선을 다하는 모습을 빗대어 표현하고 싶었다.

  먹색의 농담과 강약을 바탕으로 친근하게 마음에 와닿는 글과

2022 개인전(이음갤러리)

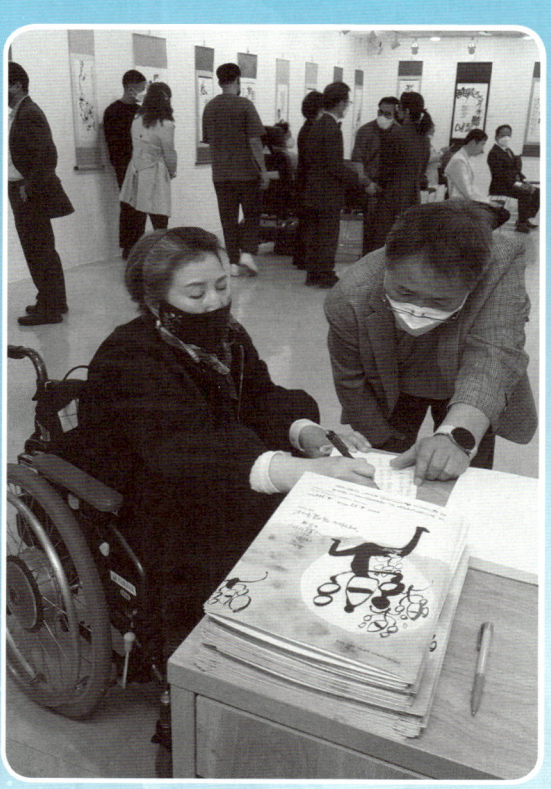

2022 개인전(이음갤러리)

(좌)장미, (우)장미_황홀의 극치

그림으로 독자들이 쉽게 다가올 수 있도록 창작했다. 그래서 누구나 흥미롭게 접근할 수 있는 전시회가 되었으면 하는 바람이었다. 장애로 인해 마음의 상처를 안고 살아가는 이들에게 위안이 되고, 새롭게 무엇인가를 시작하고자 하는 장애인들에게는 희망이 됐으면 하는 소망으로 전시회 준비를 했다.

이 전시로 제주의 언론 매체와 인터뷰를 하게 되었다. 나는 장애예술인들이 창작할 수 있는 공간과 발표의 장이 많아져야 한다는 점을 어필했다. 문화예술 장애 당사자로서 장애예술인이 개인전을 하기에 많은 어려움을 직접 겪으면서 얻게 된 경험이었다. 이번 전시회를 계기로 장애인 작가들의 전시회가 활성화되었으면 하는 바람도 강조했다. 나의 작은 울림이 모여서 장애예술계에 하나의 밀알이 될 거라 믿어 본다.

### 바로 이 사람이라면!

결혼 적령기를 한참 넘겼지만, 나는 남자에게 그다지 관심이 없었다. 작품 활동과 전시회로 바쁜 나날을 보내기도 했지만, 아버지로부터 받은 사랑이 너무 커서 어떤 남자도 그만큼의 사랑을 줄 수 없을 것이라 여겼다. 그래서 사랑이나 결혼은 무의식적이든 의식적이든 생각하지 않았다. 그런 나에게도 사랑이 소리 없이 찾아왔다.

수술을 받았던 전주 병원에서 환우들과 깊은 우정을 나누었다는 것을 앞에서도 언급한 바 있다. 인생에서 한 개를 잃으면 다른 한 개가 주어지는 모양이다. 두 차례의 수술로 깊은 절망감에 휩싸였던 전주 병원이었지만 그곳에서 나는 좋은 친구들을 만났으니 말이다.

그 친구들이 나를 만나러 제주로 관광을 왔을 때였다. 친구가 제주도에 오면 나는 공항으로 자동차를 몰고 가서 픽업했다. 운전면허를 따고 내 개인 차량을 소유할 수 있었던 것은 아버지 덕이었다. 아버지는 나에게 운전면허를 따라고 종용하셨다. 그때만 해도 여자들이 운전면허를 많이 따지 않던 시절이었다.

"몸이 불편한 사람은 이동이 불편하지 않아야 한다. 장애가 있다고 해서 가고 싶은 데를 갈 수 없어선 안 되잖니? 그러니까 정자야, 장애인한테 운전면허는 필수다."
"아버지, 운전면허 따면 나한테 차 사 주실 거예요?"
"우리 따님 어서 면허증이나 따세요. 면허증 발급받는 즉시 이 아버지가 멋진 새 자동차는 뽑아 줄 테니까."

아버지는 약속을 지켰다. 차종으로 '엑셀'과 '프라이드'를 두고 고민을 했는데 아버지가 엑셀을 사라고 조언해 주셨다. 프라이드 모델은 뒷면이 아예 없었고 엑셀은 차체 밖으로 트렁크가 있는 차량이었다. 딸이 운전하다가 만약 뒤에서 차를 박는 사고가 나더라도 트렁크가 완충해 줄 수 있는 엑셀이 안전하다고 생각하신 것이다. 오빠들도 없는 자동차를 고명딸인 나한테만 선물로 해 준 것이다. 나에 대한 아버지의 사랑이 얼마나 넓고 지극했는지 또 한 번 느꼈던 일이었다.

편리하게 이동하라고 자동차를 뽑아 주시고도 아버지는 혹시라도 사고 날까 봐 노심초사하셨다. 초보운전이라 어쩔 수 없는 운전 미숙으로 몇 번 접촉 사고를 내기도 했다. 그런데도 아버지는 그 사실을 전혀 알지 못했다. 아버지의 염려를 알고 있던 탓에 식구는 나의 접촉 사고를 숨기기에 바빴다. 어쩌다가 차에 스크래치를 내고 온 날은 아버지 몰래 차를 수리하느라 식구들이 진땀을 뺐는데 그걸 생각하면 슬며시 웃음이 난다.

어쨌든, 그런 경위를 거쳐 점점 운전에 능숙해졌고 나를 보러 오는 친구를 맞이하러 공항에 갈 수 있었다. 나는 친구들을 태우고 제주 관광을 시켜 주기도 했고 숙소가 여의치 않으면 우리 집에서 숙식을 해결해 주기도 했다.

한 번은 친구들이 여러 명 제주를 온 일이 있었다. 자동차 한 대는 힘들 것 같아서 가이드해 줄 사람을 요청했다. 모슬포에 살고 있다는 남성분이 자동차를 가지고 나왔다. 제주의 서쪽 여행 가이드를 주로 하셨던 분이라고 했다. 그런데 문제가 생겼다. 그분도 휠체어를 타는 지체장애인이었다. 나는 가이드로 비장애인이 오는 줄 알고 있었다.

"참, 어떡하죠? 생각을 좀 해 보세요. 제 친구들도 모두 휠체어를 사용하는 장애인이란 말이에요. 근데 그쪽 휠체어가 트렁크에 먼저 실려 있으면 휠체어 하나밖에 실을 공간밖에는 없잖아요. 한 명 태우려고 내가 거기에다 도움을 요청했겠어요?"

나는 그 사람한테 조금 심할 정도로 짜증을 냈다. 내 입장에서는 그럴 수밖에 없었다. 여행 온 친구들을 불편하게 하고 싶지 않앉기 때문이다. 하지만 그는 이런 상황인 줄 몰랐던 탓에 짜증을 내는 나에게 화를 내거나, 퉁퉁거릴 만도 했다. 그런데 그는 미안한 기색으로 3일 내내 묵묵히 제주 관광 가이드를 해 줬다. 말이 없고, 심지가 굳어 보이는 그 사람은 성실하게 가이드를 했고 친구들도 모두 만족해했다. 너무 열심히 해 줘서 나중에는 오히려 내가 미안했고 고마울 지경이었다. 가이드가 끝나는 날 나는 그 사람에게 자동차 렌트비와 수고비를 챙겨서 건넸다. 그런데 그 사람이 극구 사양하는 게 아닌가! 천성이 착하고 순박한데다 정직하기까지 한 사람이었다.

"저를 기억하지 못하시나 봐요. 예전에 우리 만난 적이 있었는데…."

여행 가이드를 끝내는 날 그 사람이 엉뚱한 말을 꺼냈다. 나는 전혀 생각이 나지 않는 사람이었다. 나와 달리 그 사람은 마치 나를 얼마 전에 만났던 것처럼 생생하게 기억하는 게 아닌가 말이다. 나를 그만큼 기억해 주는 게 신기하고 한편 미안하기도 했다.

세 번이나 우연이 겹치면 필연이라고 했던가. 그 사람과 다시 연결되는 일이 생겼다. 육지의 성당 수녀님이 제주도에 오셨는데 제주도의 서쪽 여행을 하고 싶어 하셨다. 자연스럽게 모슬포 그 사람이 생각났다. 수녀님에게 그 사람을 소개했는데 여행이 끝나고 수녀님이 그의 칭찬을 입에 침이 마르도록 하셨다. 좋은 사람은 누구나 알아보는 법인가 보다. 나도 차츰 그를 향한 마음이 열렸다.

그 이후에 그 사람이 3중 충돌 교통사고가 나는 일이 있었고 내가 그 사람을 도와준 일이 있었다. 다행히 인사 사고는 아니었지만, 이래저래 얽힌 일이 많다 보니 연락을 주고받다가 서서히 친해지기 시작했다. 나중에 들은 말인데 그 사람은 나를 처음 보는 순간에 반했다고 했다.

우리는 1년을 만났다. 만나 볼수록 사람이 말이 없었지만 반듯한 생각을 가졌고 나를 배려하는 모습에도 호감이 갔다. 사랑은 점점 무르익었고 두 사람 다 혼기가 꽉 찬 나이였기 때문에 자연스레 결혼을 생각하지 않을 수 없었다. 연애하는 남자가 있다는 걸 알고 우리 집에선 너무 기뻐했다. 하지만 그 사람이 나와 똑같은 휠체어 장애인이라는 걸 알고 가족들은 반가워하지 않았다. 아버지의 반대가 가장 거셌다.

"아버지, 나도 장애인이잖아요. 그 사람이 장애인이라는 이유로 반대를 한다는 건 말도 안 되는 일이라고요. 그 사람이 이걸 알면 얼마나 상처를 받겠어요."

"정자야, 너도 잘 생각해 봐라. 아버지도 그 사람이 좋은 사람이라는 걸 안다. 하지만 정자 네가 장애인이기 때문에 허락할 수 없는 거야. 만약 니가 장애인이 아니었다면 아버지는 허락했을 거다. 일생의 반려자는 서로 도와주고 돕는 관계다. 그런데 부부가

다 장애인이라면 누가 누구를 돌봐 줄 수 있겠니? 아버지는 그게 걱정스러운 거란다."

"누가 누굴 돕는다는 거예요. 부부는 동등한 관계라고요. 그리고 사랑하는 마음만 있다면 그런 건 아무런 문제가 되지 않는다니까요."

사랑의 힘이 위대했다. 연애와 결혼에 관심이 없었던 사람이 맞나 싶을 정도로 나는 아버지의 반대에 완강하게 맞섰다. 그 사람도 속이 많이 상했을 텐데도 내색하지 않고 묵묵히 기다려 줬다. 결혼식 날짜가 잡혔지만, 결혼식 날이 다가오자 공연히 불안하고 마음이 어수선했다. 그때 어머니는 내게 살아 보고 만약에 영 아니다 싶으면 다시 돌아오라는 말씀을 해 주셨다. 그 말씀에 나는 용기를 얻을 수 있었다.

## 가정을 이루다

　자식 이기는 부모는 없다는 말이 맞았다. 두 사람의 확고한 사랑에 아버지와 가족은 결혼을 승낙해야만 했다. 그 사람과 교제한 지 일 년 만에 우리는 결혼식을 올릴 수 있었다. 그때 내 나이가 서른다섯이었다.

　결혼식 날도 아버지의 지극한 사랑은 여전하셨다. 웨딩마치가 울려 퍼지고 신랑이 먼저 입장했다. 식의 순서대로 신부가 입장할 차례였다. 지금은 나이도 먹고 몸이 많이 약해져서 목발을 짚지 못하고 휠체어로만 보행을 하는 편이다. 그때만 해도 젊었고 기운도 있을 때라서 한쪽 목발을 짚고도 곧잘 걸었던 시절이었다. 그래서 결혼식장에서 휠체어를 타지 않고 목발을 짚고 입장할 수 있었다.
　아버지는 웨딩드레스를 곱게 차려입은 내 손을 잡았다. 아버지의 손이 가느다랗게 떨리는 게 느껴졌다. 아버지의 마음은 어땠을까. 딸이라면 죽고 못 사시던 아버지는 만감이 교차했을 것이다. 몸이 불편하지 않은 딸도 시집보낼 때 부모님이 많이 서운해한다고 들었다. 이십 년, 혹은 삼십 년을 곱게 키운 딸자식을 떠나보낸다고 생각하면 얼마나 마음이 허전하겠는가. 더군다나 아버지에게 나는 아픈 손가락이었다. 척추측만이라는 장애만으로도 가슴이 찢어졌을 터인데 그걸 고쳐 보고자 감행한 수술로 지체장애인이 되었으니 부모님의 속은 숯검정이 되고도 남았을 것이다.

　식장 중앙을 통과해서 신랑 앞까지 가는 동안 내 머릿속으로도 여러 생각이 교차했다. 아버지 옆얼굴을 바라보자 울컥 눈물이 났다. 아버지가 갑자기 부쩍 늙어 보이는 듯싶어 마음 한구석이 짠했다. 나에게 아버지는 바람막이였고 의지처였고 든든한 후원자였으며 기댈 수 있는 산이었다. 그런 아버지도 세월 앞에서는 어쩔 수 없는지 어느새 노인이 되신 거였다.

　나의 흐느낌을 아버지도 알아챈 걸까? 내 손을 꼭 잡는 아버지의 눈가에도 눈물이 맺혔다. 아버지와 나는 길게 깔린 통로를 지나 신랑 앞으로 갔다. 아버지 곁을 떠나 새로운 보디 가드이자 친구이자 동행자가 생긴 것이다.

　아버지가 나를 신랑에게 넘겨줄 차례였다. 신랑이 손을 내밀었지만, 아버지는 내 손을 꼭 잡고 놓아 주질 않았다. 신랑이 다시 손을 뻗쳐 내 손을 잡으려 했지만, 아버지는 내 손을 신랑에게 쉽게 넘겨주고 싶지 않은지 신랑과 기싸움을 하는 게 느껴졌다. 신랑은 그 순간을 오랫동안 잊지 않았다.

"나, 결혼식장에서 진땀이 나서 혼났어."
남편은 신혼여행에서 그 말을 했다.

"무슨 진땀이 났는데요?"
나는 의아한 표정으로 남편을 바라보았다.

"당신은 못 느꼈어?"
"뭘요?"
나도 짐작 가는 바가 있었지만, 짐짓 모르는 척하면서 남편의 말을 기다렸다.

"장인어른이 당신 손을 나한테 넘겨주지 않으려고 했잖아. 네 이놈! 너 같은 녀석한테 내 귀한 딸을 통째로 넘기는 게 너무 아까워 죽겠다. 우리 딸한테 조금이라도 소홀하게만 하면 넌 내 손에 죽는다, 라고 하시는 것 같더라고. 허허허!"
"맞아. 우리 아버지한테 나는 금은보화를 주고도 바꾸지 않을 자식이에요. 그러니까 나한테 잘해야 해요."
"그럼요. 어부인! 그걸 말씀이라고 하십니까. 평생 잘하고 살겠습니다. 충성!"
남편은 장난스레 손을 이마에 척 붙였다.

신랑은 결혼 전이나 결혼 후에나 변하지 않고 어디로 튈지 모르

2014년 전시회에서

세희 님이 보내 준 그림 팬레터

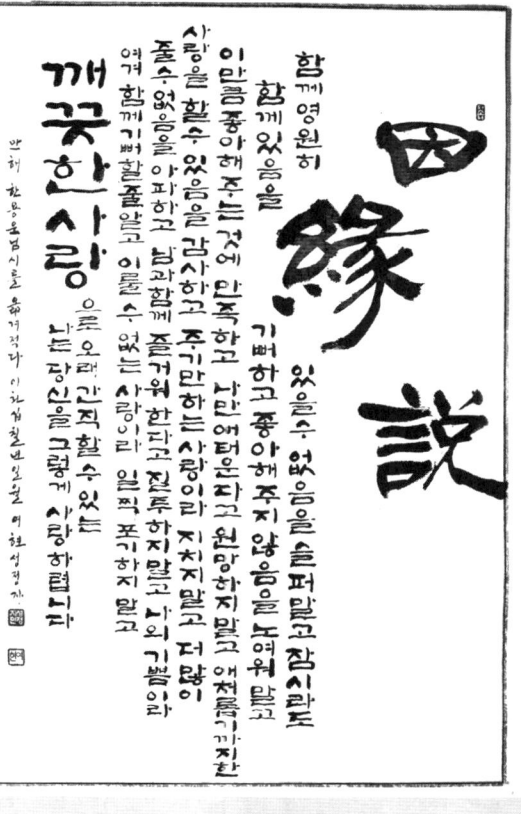

만해 한용운의 인연설

는 천방지축인 나를 아끼고 사랑한다.

 부모 복 없는 사람이 남편 복도 없고 자식 복도 없다는 말이 있다. 그 말을 반대로 하면 부모 복 있는 사람이 남편 복도 있고 자식 복도 있다는 말이 될 것이다. 바로 내가 그랬다. 감사한 일이고 행복한 일이다.

## 아들을 얻다

행복한 결혼 생활의 결실로 아이가 생겼다. 기쁘고 설렜던 만큼 걱정도 앞섰다. 내 뱃속으로 찾아온 생명을 잘 지켜 낼 수 있을까? 아기의 엄마 노릇을 제대로 할 수 있을까? 여태껏 나는 누군가로부터 보호만을 받고 살았던 사람이었다. 처음으로 누군가를 지켜 주고 보호하고 끝까지 책임져야 한다는 사실에 겁이 났다.

남편도 나와 같은 생각이었다. 두 사람을 닮은 아기가 생겼다는 사실이 신기하고 가슴 벅찼지만 한 생명을 책임져야 한다는 건 역시 두려운 일이기 때문이다. 친정 식구들도 나를 염려하기는 마찬가지였다.

달이 채워지면서 점점 배가 불러왔다. 노산인 데다가 굽은 등과 연약한 다리로 버티기에는 열 달의 시간은 너무도 힘든 과정이었다. 산부인과에 정기 검진을 받으러 갈 때마다 심장이 뛰었다. 아기와 산모가 건강하고 괜찮다는 의사의 말을 듣고 오면 남편과 함께 안도의 숨을 내쉬었다.

출산일이 가까워졌고 만삭의 배가 너무 무거운 나머지 앉아 있어도 힘들고 누워 있어도 괴로웠다. 마침내 산통이 서서히 오기 시작했다. 의사로부터 애초에 자연분만은 힘들다는 말을 들었기 때문에 곧바로 수술실에 들어갔다. 의사는 신중한 표정으로 최악의 경우 아기를 낳다가 산모의 심장이 내려앉아서 위험하다고 남편과 가족에게 말했다. 그 말을 들은 아버지는 사색이 되셨다. 남편의 걱정도 만만치 않았을 텐데 노심초사하는 장인어른 앞이라 내색할 수도 없었을 것이다. 다행히 수술은 성공했고 산모와 아기 둘 다 무탈했다.

아들 모습은 마치 천사와도 같았다. 이런 천사가 어떻게 나의 곁으로 왔는지 경이로울 뿐이었다. 남편과 나는 아기를 바라보면서 기쁨이 반이었고 우리에게 찾아온 아들이 가여움이 반이었다. 말로 표현할 수 없는 감정으로 하염없이 눈물이 쏟아져 내렸다. 남편과 나와 아들. 사랑으로 점철된 세 사람이 가정이라는 완전한 합체를 이룬 기분이었다.

임신과 출산이 힘든 건 맞지만 차라리 뱃속에 있을 때가 그래도 편하다는 말을 줄곧 들었다. 아기를 낳고 보니 그 말이 맞았다. 아기가 울면 나도 같이 울고 싶은 심정이었다. 다른 엄마들이 흔히 하는 것처럼 아기를 안아 주거나 업어 주는 일 등을 하나도 해 줄 수가 없었다. 그럴 때마다 너무 속이 상했다.

남편과 부모님, 동생 부부가 많이 도와주긴 했지만, 엄마로서 내가 해야 할 일이 따로 있었다. 내가 줄기차게 따냈던 자격증 중에 동화구연지도사, 북아트지도사 등은 아들을 위해서 딴 자격증이었다. 아들이 잠들기 전까지 나는 아들에게 동화책을 실감 나게 읽어 주는 엄마였다. 이런 엄마의 마음을 아들이 알았는지 아들은 내가 읽어 주는 동화책을 제일 좋아했다.

아들은 무럭무럭 자랐다. 옹알이도 했고 뒤집기도 했고 배밀이도 하더니 마침내 한 발 한 발 걷기도 했다. 그 모습을 보면서 남편과 나는 많이 울었다. 아들을 잠재울 때 '섬집 아기' 자장가를 많이 불렀는데 지금도 그 자장가를 들으면 우리 부부는 속절없이 눈물이 난다.

장애인 부부가 아기를 키우는데, 수많은 어려움이 있다. 지체장애인인 엄마와 아빠를 둔 아들이었지만 걷는데 아무런 문제가 없다는 것도 눈물이 날 만큼 기쁘고 감사한 일이었다. 나에게 울음은 슬플 때보다 기쁠 때 나타나는 감정 표현인 것 같다.

아들은 우리 부부에게 더할 수 없는 선물이었다. 말을 곧잘 하던 아들이 나를 또 한 번 울리고 웃게 했다. 침대에서 자려고 하던 아들이 고사리 같은 두 손을 모으고 눈을 꼭 감았다. 그 모습이 너무 사랑스러웠다.

"우리 아들, 지금 뭐 하는 걸까?"
"엄마, 쉿! 조용히 해. 나 지금 기도하는 거야."

아들은 입술 가운데에 손가락을 대고는 눈을 감고 기도를 했다.

"우리 아들, 무슨 기도를 그렇게 열심히 했는지 엄마한테 말해 줄 수 있을까?"
"음, 울 엄마 등이 쏙 들어가게 해 주세요, 했지."

아들의 말을 듣는 순간 눈물이 왈칵 쏟아졌다. 어린 아들의 눈에도 엄마의 등이 마음에 걸렸던 모양이다. 나는 눈물을 삼키고 짐짓 장난스럽게 웃었다.

"그런데, 어쩌나! 엄마 굽은 등이 이야기보따리인걸. 이게 쏙 들어가면 우리 아들한테 동화도 읽어 줄 수 없고 재미난 이야기도 해 줄 수 없을 텐데."
"엄마 그게 정말이야? 그럼 안 돼! 안 돼! 내가 다시 기도해야지. 하느님 우리 엄마 등이 그대로 있게 해 주세요."

아들은 화들짝 놀라며 무릎을 꿇더니 눈을 감고 두 손을 모았다. 아들의 행동과 말이 너무 사랑스러워 또 눈물이 찔끔 났다. 아들은 아직 어린애였지만 정이 많고 사려 깊은 남편의 심성을 그대로 닮은 따듯하고 속이 깊은 아이였다. 아들은 들꽃 하나도 무심히 지나치지 않았다. 나를 기쁘게 해 주려고 그 꽃을 뽑아 오기도 했으니까.

아들이 하교할 시간에 날씨가 궂어 비가 오고 바람이 거세게 불면 창문을 바라보면서 노심초사했다. 다른 아이들은 학교 앞에서 기다리는 엄마 손을 잡고 올 것이다. 남편 또한 휠체어를 탄 장애인이기 때문에 아들을 데리러 갈 엄두를 내지 못했다. 걱정스러운 마음으로 기다리다 보면 아들이 어느새 현관문을 열고 씩씩하게 나타났다.

"엄마, 막 부는 바람이 내 등을 떠밀어서 집까지 데려다 주고 갔네."

아들의 재치 있는 말 한마디에 속을 바글바글 끓이던 마음이 순식간에 날아갔다. 우리 아들은 아마도 시인이 될 모양이다. 아들은 부모가 장애인이라는 사실에 움츠러들거나 기가 죽는 아이가 아니었다. 친구들과도 잘 어울렸다. 중학교 올라가서 잠깐 방황했지만, 그 또래가 겪은 사춘기였을 뿐이다.

아들은 제주대학교 경영학과에 입학했지만, 군대를 다녀온 후 진로를 바꾸었다. 한국항공대학의 비행기 조종사가 되기 위한 공부를 다시 했다. 그런 아들이 이젠 스물아홉 살의 늠름한 청년이 되어서 나와 남편의 보호자 노릇을 톡톡히 할 때가 많았다. 나는 정말 복이 많은 사람이다. 이 또한 기쁘지 아니한가!

## 인생 스펙 쌓기

앞서도 말한 바 있듯이 나는 손재주가 많았고 무슨 일을 하든지 흐지부지한 적이 없었다. 끝까지 해내서 전문가 수준에 이르러야 직성이 풀렸다. 아버지가 충청도 장날에서 잔뜩 사 오신 박으로 박공예를 해서 그걸 가르칠 정도로 실력을 키웠고 자수도 수준급이었다. 남편도 나의 그런 열정에 반했다고 할 만큼 나는 모든 일에 적극적이었다. 박공예나 자수 말고도 나한테는 수많은 자격증이 있다.

어린이들에게 음성언어로 동화를 들려주어 정서적 안정감을 심어 주며 언어에 대한 감성과 EQ와 IQ 개발에 도움을 주는 동화구연지도사를 비롯해서 도서관 일을 할 수 있는 사서도우미, 북아트지도사, 독서치료사, 캘리그래피지도사 등 일일이 열거하기도 숨찰 만큼 자격증을 땄다.

나의 이런 스펙 쌓기는 거의 취업 준비생 수준이지만 내 목적은 취업이 아니었다. 아들을 잘 양육하고 싶은 엄마의 욕심으로 공

미술체험교실에서

?

어린이집 강의 중

부한 것이다. 아들에게 동화를 재미있게 읽어 주기 위해 동화구연 공부를 했고 책을 좋아해서 도서관을 자주 가다 보니 사서도우미와 북아트지도사 자격증을 획득했고 성장하는 아들을 위해 독서치료사가 된 것이다.

특히 서예를 현대화하는 캘리그래피지도사는 손으로 아름다운 글씨를 쓸 수 있도록 여러 가지 방법을 시도하여 작품을 만드는 자격증이어서 서예가인 나한테 꼭 필요한 자격증이기도 했다.

이처럼 많은 자격증을 보유하는 바람에 자연스럽게 자원봉사 자리가 많았고 나는 어느새 600시간 넘게 봉사 활동을 해 오고 있다. 요즘은 강사료를 받는 강의도 종종 들어오곤 해서 가정 경제에도 보탬이 되고 있다.

바쁜 와중에도 제주도 공영관광지운영평가위원 제안을 받았다. 장애인을 위한 일이라서 흔쾌히 받아들였다. 제주도에 찾아오는 장애인 관광객들이 불편하지 않게 관광할 수 있도록 장애인 당사자 입장에서 공영관광지 32곳의 편의시설을 꼼꼼하게 체크하여 개선을 요구하는 직책이었다.

회의 첫날이었다. '장애인 배려도'라는 평가 항목이 눈에 거슬렸다. 나는 배려라는 말은 적절하지 않다고 제안했고 내 제안이 받아들여져서 '시설 이용 편의성'으로 바뀌었다. 공영관광지운영의 평가위원을 하면서 정부 부처와 사회가 장애인에게 해야 할 일이 너무 많다는 걸 절실히 느꼈다.

2015 제주장애예술축제에서

2015 제주장애예술축제 휘호

코로나 이후 급속도로 늘어난 매장의 키오스크도 비장애인의 키에 맞추는 바람에 휠체어 장애인들에겐 무용지물이다.

엘리베이터가 없이 층계가 있는 건물의 음식점과 상점은 휠체어 장애인에게 난코스다.

고속버스의 문도 너무 좁고 가팔라서 휠체어 장애인이 승차하기에는 어려움이 많다.

개선하고 요구할 일들이 산재하지만, 지자체의 예산 문제로 막힐 때가 많다. 사회적 약자에 관한 권익과 복지가 잘 된 나라를 사람들은 선진국이라 부른다. 우리나라가 산업화와 민주화의 빠른 성장으로 경제와 문화는 선진국 대열에 합류한 것은 인정한다. 하지만 사회적 약자를 향한 정책에는 여러 가지로 아쉬움이 남는다. 장애인의 권익을 위해 더 열심히 더 부지런히 뛰어야 할 것이다.

## 휠체어 파크골프로 금메달을 목에 걸다

나는 정열적이고 활동적인 사람이다. 지체장애인이 되기 전에는 날다람쥐 못지않게 사방천지를 돌아다녔다. 비록 예전처럼 두 다리로 활동할 순 없지만, 나에겐 전동휠체어와 멀쩡한 팔과 손이 있었다. 게다가 가만히 앉아서 서예 작업을 하다 보면 온몸이 안 쑤시는 데가 없었다. 운동량이 부족한 탓이었다. 그래서 알아보게 된 것이 파크골프였다.

'파크골프(park golf)'는 공원(park)과 골프(golf)의 합성어로 도심의 공원에서 나무 채와 플라스틱 공으로 간편하게 즐길 수 있는 골프의 한 종류이다. 정식 골프 경기와 방법은 비슷한데, 나무로 만든 클럽 하나만 사용하는 것이 특징이다. 1984년 일본 홋카이도에서 시작되어, 지금은 호주나 미국 등지에서도 많이 즐기고 있고 우리나라에도 급속도로 번지고 있다. 대부분 평평한 공원에서 즐기기 때문에 휠체어를 타고 할 수 있는 몇 안 되는 운동 범주에 들어간다.

운동 부족과 취미로 배우기 시작했는데, 내 성격상 또 끝장을 보고야 말았다. 우리 남편도 내 열정에는 두 손 두 발 들었다고 혀를 내둘렀다. 파크골프를 하다 보니 재미가 있었고 실력이 일취월장했다. 서예와 파크골프를 다 해 본 사람으로 감히 말하는데 파크골프는 서예와 일맥상통하는 점이 참 많았다.

웬만한 스포츠는 팀을 짜서 하는 게 보통이고 에너지를 밖으로 발산하는 동적인 행위이다. 야구, 축구, 농구, 배구 등등이 팀 스포츠다. 팀까지는 아니더라도 상대방과 주고받거나 경쟁을 해서 점수를 올리는 경기가 많다. 탁구, 배드민턴 등이 이에 해당한다. 그에 비해 파크골프는 당사자 혼자 엄청난 집중력이 요구되는 경기이다. 자기 자신과 집요하게 싸우면서 정적인 상태를 유지한 채 점수를 내는 것이 파크골프의 매력이다.

이와 마찬가지로 서예도 정적인 가운데 서예가 홀로 한지를 바라보면서 집요하게 작품에 몰두해야 하는 작업이다. 두 가지를 다 섭렵한 사람으로서 파크골프와 서예는 수양이 깊어지는 행위라는 생각이 든다.

파크골프를 하면서 장애인이기 때문에 빈축을 산 일이 있었다. 잔디가 펼쳐진 골프 공원은 장애인과 비장애인 구분 없이 골프를 즐기는 장소이다. 넓은 공원에서 공을 치기 위해서는 휠체어를 열심히 운전해서 돌아다녀야 한다.

그런데 한 번은 비장애인 분이 휠체어 바퀴가 지나간 자리마다 잔디가 눌려서 망가뜨린다고 대놓고 불평한 적이 있었다. 휠체어 장애인은 파크골프장에 오지 않았으면 좋겠다는 심한 말까지 하셨다.

"누구는 휠체어를 타고 싶어서 타겠습니까? 저도 몸이 멀쩡하면 선생님처럼 두 발로 걸어 다니면서 골프를 즐겼겠지요. 그렇게 따지자면 선생님의 신발 아래서도 잔디가 망가지는 건 마찬가지 아닌가요?"

참다못해 기어이 내가 한마디하고 말았다. 얼굴이 홍당무처럼 벌게진 그 사람은 나한테 사과하고는 자리를 떠났다. 내 골프 실력이 만만치 않은 것을 알고 난 후에는 비장애인들이 나한테 같이 치자고 할 정도로 가까워졌다. 비장애인과 겨루어서도 내 실력은 월등했으니까.

이왕 시작한 골프를 재미있게 치고 싶다는 성정자의 욕심이 다시 발동하기 시작했다.

2019년 제39회 서울 올림픽공원에서 열린 장애인 전국체전에 파크골프 선수로 참가하게 되었다. 그 경기에서 나는 최대치의 희열과 감동을 경험하게 되었다. 평소 갈고닦은 실력을 마음껏 발휘하여 마지막 결승전까지 올라갔다. 경기가 끝났는데 서울에서 출전한 상대 선수와 제주에서 출전한 내가 동타(똑같은 점수)가 나와 버렸다. 서든데스를 해야 할 상황이 벌어진 것이다. 서든데

스는 일반적으로 동점으로 끝난 연장전에서 승자를 결정하는 절차의 일종이다.

 이럴 때는 9번 홀에서 니어 핀 적용을 해야 했다. 니어 핀이란 티샷을 하고 골프공이 홀컵 가까이 근접한 공이 같은 타수가 되었을 때 이기게 되는 룰이다.

 상대 선수가 첫 타를 쳤는데 공이 홀컵에서 뚝 떨어져 멀리 나갔다. 내가 친 공은 홀컵에서 상대의 공보다는 조금 가까운 지점에 떨어졌다. 두 공 모두 2타로는 들어갈 수 없는 어려운 거리여서 손에 땀이 나는 경기였다. 서울 선수가 두 번째 타를 쳤을 때 공이 홀컵으로 들어가고 말았다. 서울 선수를 응원하는 박수 소리가 울려 퍼졌다. 누가 봐도 서울 선수의 승리였다.

 나도 두 번째 타를 쳐야 하는 순간이 왔다. 내가 친 공이 홀컵에 들어가지 못한다면 최후의 승자는 서울 선수가 되는 것이다. 나는 심호흡을 깊게 한 후 두 타를 쳤다. 내가 친 공도 홀컵에 골인했다. 내가 서울 선수를 아슬아슬하게 앞질러서 승리한 것이다.

 숨 막히는 경기를 관람하던 사람들의 환호 소리가 경기장을 집어삼킬 듯 울려 퍼졌다. 서울 선수도 두 타로 홀컵에 골인을 했지만. 공이 멀리 있었고 나도 역시 두 타로 홀컵에 골인을 했고 공이 가까이 있는 바람에 내가 금메달을 획득할 수 있었다. 제주를 대표해서 전국체전에 참가한 것이므로 제주도의 자존심을 세운 셈이었다. 물론 서울 선수와 친해진 것은 두말할 필요도 없었다.

그날의 경기만 생각하면 지금도 온몸에 전율이 오를 만큼 짜릿하다. 그때 장애인 전국체전을 담당했던 체육회 직원이 나를 만날 때마다 그 순간의 대역전 극을 두고두고 말하곤 했다. 나를 만나면 왠지 모를 좋은 기운을 얻는다고.

스스로 생각해도 정말 기적 같은 멋진 일을 수없이 해내는 성정자가 대견하고 기특했다. 이 또한 기쁘지 아니한가!

## 서예가 성정자가 나아갈 길

　어릴 적에 척추측만 장애를 입고 20대 청춘에 의료사고로 하반신마비가 된 후로 나는 세상이 두렵기만 했다. 그러던 어느 날 먹으로 쓴 글씨가 살아 움직이는 듯한 느낌에 한참을 움직이지 못하고 멍하게 넋을 잃고 바라보았던 기억이 난다. 그로부터 시작한 서예였다. 서예를 한다는 것은, 단순히 종이 위에 먹과 붓으로 누군가에게 보이기 위해 글을 쓰는 것이 아니라 자신을 들여다보는 수양의 과정이다.

　표현된 먹 글에서 마음속의 굳셈과 부드러움, 욕심과 게으름, 즐거움이 보이곤 한다. 나보다도 나를 먼저 아는 붓끝에 정신을 집중하면 마음을 비워 두는 시간, 나를 가라앉히는 침잠의 시간과 마주하게 된다.

　붓과 노는 것을 무척 좋아해서 열심히 했고, 열심히 하다 보니 운도 따라 주어 큰 상도 받을 수 있었다. 이 또한 기쁘고 감사한 일이다.

장애예술인의 서예작가 등용을 위해 처음 개최된 제1회 한국장애인서예한마당대회에서 대상을 받았고, 대상이 배출된 지역 제주에서 처음으로 전국장애예술인들의 전시가 열린 것은 무척 기쁘고 설레었다. 그리고 내 생의 목표와 희망으로 꿈꿔 왔던 대한민국장애인미술대전에서 대상을 받는 영광도 안았다. 이 대회에서 나는 모든 체력과 영혼을 쏟아부었다. 내가 하고 싶은 건 다 응원해 주던 남편도 내 건강을 염려해서 붓을 꺾어 버릴 정도로 화를 냈었다.

그 무엇보다도 붓글씨 쓰기가 즐겁기에 내 생의 마지막 날까지도 서예 예술인으로서 긍지를 갖고 활동할 것이며 나와 같은 장애를 앓고 있는 사람들에게 용기와 희망을 줄 수 있는 인생을 완성해 갈 것이다.

서예를 쓰려면 일단은 명제를 찾아야 한다. 그 명제가 나에게 감동을 주는 글이라는 확신이 서면 붓은 움직이기 시작한다. 때로는 어떤 글귀에 매료되어 써 보고 싶다는 마음이 일어나기도 한다. 다음 날 다시 보면 이게 아닌데, 할 때가 있다. 그렇다고 거기서 멈추면 안 된다. 거듭 쓰기를 무한 반복하다 보면 찰나에 스치는 섬광이 내 머리를 때릴 때가 있다. 작품을 창작한다는 것은 그런 광기의 시간에서 빚어내는 과정이지 않을까.

그렇게 완성한 작품이 마음에 들면 구름에 올라앉은 듯한 희열감에 웃음이 지어진다. 내가 만족한 글씨에 감상하는 다른 사람

글씨가 날개가 되어 날아오른 서예가 성정자

이 공감해 주면 그처럼 행복한 일은 없다. 그것이 내가 서예를 계속해 올 수 있었던 매력이자 원동력일 것이다.

독서치료사 자격증, 동화구연, 캘리그래피지도사 자격증, 사서 도우미, 북아트지도사 자격증을 딸 때도 그랬다. 나조차도 모르는 내 능력의 한계를 시험해 보고 확인하고자 하는 도전이었다. 그 자격증을 가지고 돈을 벌려고 한 적은 없었다. 동화구연 봉사와 서예 봉사를 해 왔고, 봉사하다가 또 필요한 자격증이 생기면 또 도전했던 거였다. 나에게 도전은 나의 능력을 시험하는 하나의 도구였던 셈이다.

나는 끊임없이 무엇인가를 찾았다. 때로 내가 할 수 있는 것도 있었고 할 수 없는 것도 있었다. 누군가 그랬다. 해 보지도 않고 포기하는 것보다 해 보고 포기하는 것이 인생에서 더 많은 걸 얻게 된다고. 실패가 성공의 어머니라는 말처럼 실패와 좌절에서도 분명 배울 게 있다.

현대인에게 운동 하나쯤은 필수가 된 지 오래다. 사실 바닥책상에 앉아 몇 시간씩 글씨를 쓰는 일은 지독히 고독하고 정적인 작업이다. 그것을 보완하기 위해 동적인 걸 찾다 보니 골프를 시작하게 된 것이다. 그렇게 시작한 골프로 금메달을 목에 걸 수 있었다. 결국 나 자신을 위한 모험이나 도전이 장애인으로서의 긍지와 자부심까지 심어 준 것이므로 이것이야말로 일거양득이었다.

이제 내 나이 육십을 훌쩍 넘겼다. 이만큼 살면서 아픔과 좌절

2022년 환갑기념 사진

?

도 있었고 행복과 기쁨도 누렸다. 처음부터 도전 의식이 투철하고 용기 있는 사람은 거의 없을 것이다. 다만 모든 순간에 힘껏 용기를 낼 뿐이다.

휠체어를 타고 처음 비행기를 타야 할 때, 장애인 미술대전 심사위원으로 위촉되었을 때, 서울의 파견강사로 선정이 되었을 때, 한국예술인복지재단에 심의위원으로 위촉되었을 때, 개인전을 처음 열 때마다 용기가 필요했다.

용기를 낼 수 있도록 하는 또 다른 이유는 내가 앞장서서 나가면 그 길을 따르는 더 많은 사람이 용기를 내고 도전을 하고 이루어 낼 거라는 믿음 때문이었다. 그리고 그것이 또 다른 기회의 장으로 펼쳐지길 기대한다. 제주 지역 장애예술인에게도 이런 기회가 많아지길 바란다.

내가 이만큼 성장하는 데는 사랑의 힘이 컸다. 나를 포기하지 않은 부모님의 사랑, 형제들의 우애, 남편과 아들의 응원, 친구들의 독려가 지금의 나를 키운 팔할이라고 해도 과언이 아닐 것이다. 그 외에도 서예와 인연을 맺게 해 준 탐라장애인종합복지관에 늘 감사한다. 복지관이 나를 작가로 만들어 준 셈이었다. 아무 때나 연습할 수 있도록 서예실을 개방해 주었던 은혜에 정말 감사한다.

사실 휠체어 장애인들에게 맛집은 음식 맛이 진짜 맛있는 맛집보다는 휠체어가 들어갈 수 있는 곳, 편의시설이 잘된 곳이 맛집인 것처럼 장애인이 마음껏 작업할 수 있는 공간이 진정한 '맛집'인 것이다.

  서예와 함께 내가 나아갈 길은 무한히 열려 있다. 붓을 쥘 수 있는 순간까지 나는 글씨를 끊임없이 쓸 것이다.

  나에게 서예란 물아일체인 동시에 성정자의 정체성과 다르지 않을 테니까. 내가 받은 사랑과 희생과 독려를 다른 누군가에게도 줄 수 있다면 나는 행복할 것이다.

## 장애가 장애로서 존재하지 않는 세상을 위하여

　장애와 비장애. 몸이 불편한 사람과 불편하지 않은 사람의 구분을 단어로 규정지어야 할 필요는 있다. 그러나 비장애인이라는 말은 장애인과 비교할 때 쓰는 명칭일 뿐 불편하지 않은 사람을 비장애인이라고 부르지는 않는다.

　차이와 차별은 그래서 다르다. 장애인도 엄연히 사회의 한 일원이며 구성원이다. 우리도 똑같이 누군가의 자식이고 누군가의 남편이며 아내이고 누군가의 부모이다. 생계를 위해 경제활동도 해야 하고 자아 성취를 위해 부단히 노력해야 한다. 그러기 위해선 사회적 인식이 바뀌어야 한다는 생각이다.

　시청 근처 '파프리카'라는 식당에 간 적이 있었다. 처음 갔을 때 10센티미터 높이 턱이 있었는데 휠체어가 다닐 수 있도록 부탁을 드렸더니 사장님이 당장 고쳐 놓으셨던 일이 있었다. 정말 감동이었다. 장애인 혹은 사회적 약자를 향한 관심은 이렇게 작은 데부터 출발하는 게 아닐까 싶다.

서울에 볼일이 있어서 올라갔을 때 일이다. 지하철을 탔다가 정차할 정거장에 내리려고 할 때였다. 뒤에서 어느 분이 수전동 휠체어를 확 미는 바람에 내가 앞으로 꼬꾸라진 적이 있었다. 비장애인들이 장애인을 도와줄 때는 먼저 장애인들에게 양해를 구하거나 물어야 할 것이다. 휠체어를 잘 작동하면 편리한 도구이지만 잘못 운영하면 사람이 다칠 수도 있는 물건이기 때문이다. 그분도 당황해서 무척이나 놀라셨지만 나로서는 과잉 친절이 반갑지 않았던 일화였다. 이 또한 사회적 약자에 관한 무관심이 초래한 친절일 것이다.
　또 장애인의 작품을 감상할 때 장애인이기 때문에 대단하다는 사족을 붙이는 분들이 있다. 작품을 완성해 가는 과정은 장애로 인해 어려움이 분명 있지만, 결과물은 작가의 몸과 상관없이 정신과 영혼이 깃들여 있는 것일 테다.
　예술에서 장애 비장애가 어디 있겠는가. 분명 잘못된 시선이다. 물론 예전보다 많이 나아졌다는 건 인정한다. 하지만 0.1퍼센트라도 부족하다면 그런 점도 고치고 개선해야 할 것이다.
　내가 0.1퍼센트라고 했을 뿐 장애인을 위한 정책은 아직도 많이 부족하다. 그중에 대표적인 것이 편의시설과 이동권이다. 편의시설 면에서 어느 상점에 방문하든 턱을 없애야 한다. 휠체어 장애인들도 맛집 투어를 하고 싶지만 생각처럼 녹록지 않다. 장애인의 맛집은 휠체어가 들어갈 수 있는 음식점이 맛집이다는 말은 단순한 우스갯소리가 아니다. 또한 요즘 인력을 줄이는 차원에서 키오스크 설치가 대세다. 앞서도 언급한 것처럼 장애인은 사용할 수 없게 높게 설치된 게 대부분이다. 휠체어 장애인들도 쉽게 이용할 수 있도록 개선되어야 한다. 이러한 모든 것들이 사회적 약자와 장애인 입장에서 한 번 더 숙고하고 설치했더라면 문제를 제기하는 일은 없었을 것이다.

  장애인 콜택시 문제도 짚고 넘어가련다. 장애인 콜택시야말로 장애인 이동권에 혁명을 불러일으킨 교통수단인 것만은 분명하다. 그로 인해 많은 교통 약자인 장애인이 편리하게 이용하고 있으니 말이다. 그렇지만 그래도 개선해야 할 점들이 있었다. 센터에서 운영하는 차량은 리프트 택시와 바우처 택시가 있다. 보행이 가능한 장애인은 택시나 버스를 탈 수 있는데 반해 휠체어 장애인은 콜센터의 리프트 차량이 아니고는 다른 대체 수단이 없다. 하지만 보행이 가능한 장애인들의 이용이 많아서 휠체어 이용자가 1시간 이상 넘게 기다리는 경우가 종종 발생한다. 리프트는 휠체어 이용자 전용이 되어야 하고 바우처 택시는 걸을 수 있는 장애인 전용이었으면 좋겠다는 생각이다.

  이에 덧붙여 현재 콜택시를 이용하려면 대한민국 각각의 지역별로 등록을 해야 하는 시스템이다. 서울에서 경기도를 가려고 해도 경기도에 등록하지 않으면 이용에 제약을 받는다. 전국이 하나로 통합한다면 수많은 장애인이 훨씬 활발하고 효율적으로 활동할 수 있을 것이다. 그로 인해 발생하는 장애인 인력이 사회에 환원하는 부가가치도 무시하지 못할 것이다.

?

2014. 6. 27.-28. 평화예술제 바오젠거리에서

장애예술인들이 창작할 수 있는 공간과 발표의 장이 많아졌으면 하는 바람이다. 장애예술인이 창작 활동을 할 수 있도록 경제적인 지원도 필요하다. 장애인예술이 직업이 되는 사회를 만들기 위해 목소리를 낸 적이 있는데 최근에 장애예술인들도 체육 종사자들처럼 기업과 연계되어서 직업을 갖게 되어서 다행이다. 연금 제도가 있는 체육인처럼 예술인에게도 그런 제도가 시급하다. 장애인문화예술축제도 전국장애인체육대회처럼 지역 순회 개최가 될 수 있도록 힘을 써야 할 것이다.

예술 활동이 직업으로 인정을 받을 때 활동보조 서비스 시간도 늘어나고, 근로지원인 서비스도 받을 수 있다. 그런 까닭에 나는 장애인예술이 직업이 되는 사회를 만들기 위해 지속적으로 목소리를 높이고 있다.

그리고 장애인문화예술축제도 서울에서 개최되어 지역은 참여할 수가 없다. 앞으로 장애인문화예술축제도 전국장애인체육대회처럼 지역 순회 개최를 모색해야 하리라 생각된다.

서예를 하면서 글씨의 소재가 되는 꽃과 동물, 그리고 사물을 관찰했고 다양한 사람을 만나면서 깨달은 바가 있다.

'내가 행복해야지 그대도 행복하다!'

모든 인연이 그래야 하는 게 아닐까. 장애가 더 이상 장애가 되지 않는 세상이 반드시 오리란 희망을 품고 오늘도 전진, 내일도 전진하련다.

# 성정자

(사)제주장애인예술가협회 회장
(사)한국장애인서예협회 이사
(사)제주지체장애인도협회 부회장

(사)여성장애인 보호시설 그린터 운영위원, (사)황정장애인문화예술원 자문위원, (사)색동회 색동어머니 동화구연가회 부회장, (사)제주장애인총연합회 이사, (사)대한민국장애인미술협회 이사 역임

2024 제주장애문화예술축제 개막 휘호
2022. 09. 01 장애인문화예술축제 개막식 기념 휘호(대학로 마로니에공원)
2020 한국예술인복지재단 예술활동증명 심의위원
2018. 12. 01 제주특별자치도 공영관광지 운영평가위원
2021 제주특별자치도 공영관광지 운영평가위원
2020 대한민국장애인서예대전 심사위원
2019 장애인창작아트페어 심사위원
2019. 06. 24 제7회 대한민국장애인서예대전 심사위원
2015~2021 탐라장애인복지관 사회적응반 서예지도
2018. 11 제5회 장애인아트페어 심사위원
2017. 07 제27회 대한민국장애인미술대전 운영위원 및 심사위원
2017 장애예술인 창작지원금 선정작가(한국장애예술인협회)
2016. 07. 26 제7회 장애인미술가의 희망축제 한마당 심사위원
2015~2016 장애인 미술강사 전문교육 및 파견 프로그램
　　　　　-장애인미술가의 '꿈과 희망' 이곳에 펼쳐라-파견강사
2015. 05 장애인창작아트페어 체험강사(문화역 서울284(서울역)
2014. 08. 29 대한민국장애인서예대전 운영위원 및 심사위원
2014 장애인 미술강사 지원 파견 및 미술교육 프로그램 사업 파견강사
　　　(문화체육관광부, 한국장애인미술협회)
2014 문화예술 소외지역 예술 향유 지원, 장애인 서예가 육성 '먹 울림' 프로젝트 강사
　　　(한국장애인서예협회)
2013 장애인 인재 양성 서예 길라잡이 발간(한국장애인서예협회)
2013 장애예술인 인재양성 강사
2008 그림과 함께하는 동화구연 강사-제주 케어하우스

## 수료
2002. 04. 27 학생상담 자원봉사 수료(제주학생문화원)
2003. 07. 09 사서도우미 전문교육 수료(제주지역사회교육협의회)
2008. 06. 30 독서치료 전문가과정 수료(제주대학교 평생교육원)
2008. 12. 30 한문서예 수료(제주대학교 부설 평생교육원)
1999. 11. 13 평생교육인 연수(한국학원 총연합회)
1993. 12. 18 제1기 박물관대학 시민강좌 전과(1993. 03. 06.~12. 18) 수료

## 표창
2020. 04. 20 제주도 장한장애인 대상
2019. 04. 20 표창장 제129274호 보건복지부 장관상
2018. 12 표창패, 제1975호 제주특별자치도 도지사상
2015. 07. 22 공로상(장애인미술협회 20주년 기념), 한국장애인미술협회장상
2015. 07. 13 공로상(한중일장애인미술교류전), 한국장애인미술협회장상
2009. 05. 28 표창장, 한국장애인서예한마당대회 대회장상
2008. 06. 30 공로상, 제주대학교 평생교육원장상
2005. 05. 13 표창장, 제929호 제주도 도지사상

## 자격
2021. 01. 25 한국캘리그래피 1급 지도사 취득
2020 대한민국장애인미술대전 초대작가
2014. 05. 26 예술활동증명 승인(한국예술인복지재단)
2014. 07 제주도 미술대전 초대작가
2013. 11. 06 장애인개발원 추천작가
2012~2013 대한민국여성미술대전 추천작가
2011. 08. 11 한국장애인서예협회 초대작가
2010 전국추사휘호대회 초대작가
2008. 08. 06 독서치료사 자격증(사/한국공립대학평생교육원협의회)
2007. 12. 03 북아트지도사 자격증(사/국제전문자격진흥협회)
2000. 10. 14 동화구연가, 동화구연지도사 자격증(사/색동회)

## 수상
2021 국제장애인교류전 7개국 전시 선정
2020 대한민국장애인미술대전 특별상 초대작가 선정
2018. 11. 17~24 2018 한중일장애인미술교류전 우수작가, 예술의전당 한가람 디자인미술관
2018. 11. 22 전국장애인종합예술제 부문 대상(보건복지부 장관상)

2012. 09. 05 제22회 대한민국장애인미술대전, 작품소장처 한국장애인개발원
2012. 06. 08 제25회 전국장애인종합예술제 최우수상(문화체육부 장관상)
2011 대한민국장애인한마당서예대전 특별상(국회의원상)
2011. 11. 19 평생학습 수기공모 우수상(제주시)
2010. 11. 14 제20회 대한민국장애인미술대전 장려상
2009. 06. 01 제1회 대한민국장애인한마당대회 대상
2009. 06 제22회 전국장애인종합예술제 부문 대상(보건복지부 장관상)
2009. 07. 07 대한민국여성미술대전 특선 삼체상
2007. 03. 06 신사임당 미술대전 입선
2006. 07. 04 제22회 무등미술대전 입선, 작품소장처 한국장애인고용공단
2005. 05. 11 세계서법문화 예술대전 은상
2005. 06. 18 전서예대전 입선, 특선
2004. 12. 08 대한민국 통일 서예대전 입선, 특선
2002. 11. 23 일반부 독후감 부문 최우수상 새마을문고 제주지부
1999. 10. 15 일반부 독후감 부문 장려상 새마을문고 제주지부

개인전
2022 세상에 하나뿐인 전시 개인전 〈여기 있었구나〉(이음갤러리)

단체전
장애인창작아트페어 개인부스전, 체험강사, 아트상품전
에이블 아트 루브르를 만나다-Abled Art Meets thr Louvre 선정작가
국제장애인미술교류전, 세계 7개국 VR전시, 한국미술협회, 제주도지회전, 제주도미술협회 초대작가회원전
후쿠오카 시립미술관 전시 선정작가전, 일본 파라아트 도쿄전 선정작가전, 한중일국제교류전, 평창올림픽기념 그린코어 전시 선정작가 및 초청전, 단체전 다수